Piping Stress Analysis and
Vibration Noise Control

管道应力分析及
振动噪声控制

宋凤喜　编著

中国电力出版社
CHINA ELECTRIC POWER PRESS

内 容 提 要

本书系统地介绍了管道设计基本知识和管道应力分析理论基础及管道振动噪声控制，全书共四章，主要内容有管道设计基本知识、管道应力分析的理论基础、管道应力分析程序基本原理、管道振动及噪声控制，正文后附有常用的管道参数表和模型图。

本书可供电力行业管道从业者使用，石油、化工、冶金、钢铁等行业管道从业者可以参考使用，也可供从事管道系统研究、试验、安装建设、运行等工程技术人员及相关专业大专院校师生参考。

图书在版编目（CIP）数据

管道应力分析及振动噪声控制/宋凤喜编著．—北京：中国电力出版社，2020.7
（2023.3重印）
ISBN 978-7-5198-4509-4

Ⅰ．①管…　Ⅱ．①宋…　Ⅲ．①管道工程－应力分析　②管道工程－振动噪声控制
Ⅳ．①U172

中国版本图书馆 CIP 数据核字（2020）第 055433 号

出版发行：中国电力出版社
地　　址：北京市东城区北京站西街 19 号（邮政编码 100005）
网　　址：http://www.cepp.sgcc.com.cn
责任编辑：畅　舒（010-63412312）
责任校对：黄　蓓　马　宁
装帧设计：王红柳
责任印制：吴　迪

印　　刷：三河市万龙印装有限公司
版　　次：2020 年 7 月第一版
印　　次：2023 年 3 月北京第二次印刷
开　　本：710 毫米×1000 毫米　16 开本
印　　张：13.25
字　　数：186 千字
印　　数：1001—1500 册
定　　价：68.00 元

前言

　　管道应力分析是管道设计中的重要环节，因为它不仅是判定管道是否安全合理的重要准则，并且也要据此确定管道冷紧、安装坡度、管端对设备的推力和力矩及管道支吊架荷载、进行支吊架选型、变力和恒力弹簧支吊架选择、支吊架生根结构选型等。因而正确掌握管道应力分析的基本概念和理论，并在管道设计中正确应用这些概念和理论，是做好管道设计的基本功，做好管道应力分析，对保证管道设计质量，提高设计效率是十分重要的。

　　20 世纪 80 年代之前，由于受计算机存储容量和计算速度的限制，计算机应用程序采用简化数学和物理模型，压缩存储量的方法使程序的计算功能受到了影响，程序使用也不方便。进入 80 年代中期国家电力建设进入了快速发展时期，国家重要科技单位也都引进了大型先进的计算机设备，国内现有计算机程序已不能适应形势的需要。由水利电力部电力规划院立项，东北电力设计院承担的管道应力分析程序（GLIF）正式启动研发，本书作者为该软件的主要开发者之一，程序编制吸取了国内原有管道应力计算程序和引进美国 2010 程序的特点，扩展了程序功能，在程序应用的简单化、方便性方面做了大量的工作，经过两年多的程序开发、改进和维护，程序开发按要求进度完成，并通过了电力规划院组织的鉴定。替代了原有的电力系统管道计算程序，大大提高了管道设计的效率，得到了电力设计单位的普遍认可，为电力建设的发展做出了重要贡献。从 90 年代起，我们对管道应力分析程序持续改进和完善，已经在电力系统普遍运用，并且逐步推广到了石油、化工等领域。机组容量已经应用到了1000MW 等级，管道参数应用到了超超临界参数，国内许多设计单位都在使用，不仅在国内项目应用，而且国外项目也在应用。程序功能全面、计算结果正确、使用简单，为数据的后处理提供了方便，程序为支吊架选型程序以及管道三维设计都创造了条件。然而目前为止，管道应力分析程序操作者只见到国内外不同程序使用说明及梗概的技术介绍，虽然可应用程序对工程实际管道进行应力分析计算，但从业者不了解管道应力分析程序采用的计算方法和基本原理，对解决程序应用时遇到的问题是不利的。为了使广大管道设计、安装、维护者普遍掌握管道应力分析的计算理论基础，提高解决管道应力分析问题的能力，出版管道应力分析基本原理和理论基础是必要的。本书的出版可以提高管道相关从业人员的理论水平，为更好地分析解决管道设计、安装、维护等作业中的实际问题创造条件。

目前，随着海外市场的开发，国内公司承担建设的国外各种类型的发电厂越来越多，为了较快地获得国外业主的认可，应用从国外引进的管道应力分析软件的情况也在增多，而本书介绍的是管道应力分析的通用基本理论和原理，不涉及具体软件的技术细节。国内软件和国外引进的软件基本原理是相通的，国内管道应力分析软件可以满足绝大部分国内外管道设计需求，国外软件相对国内软件有其自身特点，并多了一些功能。本书的内容对理解和正确应用像 CAESAR II 等国外管道软件也是有帮助的。

随着经济社会的快速发展和人民生活的日益改善，人们对环境质量的要求不断提高。各国对环境噪声控制标准逐渐趋严，噪声水平是业主对工程项目验收的重要指标之一。管道噪声对厂矿的整体噪声水平的贡献较大，管道振动有时严重威胁企业的安全运行，控制管道振动和噪声，越来越受到广泛重视。但长期以来，在设计环节并没有受到足够的重视，亦没有采取针对性的有效措施防止和减轻管道振动和噪声，以致有的管道在运行后发生较强的振动和较大的噪声，不符合文明生产的要求，给业主的运行人员造成了很大的烦恼，甚至威

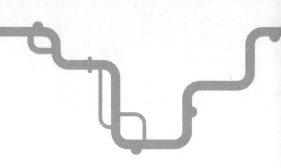

胁管道运行安全，使得企业不得不投资对管道进行改造和治理，影响企业的经济效益。因此，为了解决这一问题，推广和普及管道振动和噪声控制方面的理论和知识愈显重要。因此，本书对此做一专门初步介绍，作为抛砖引玉供有关方面人员参考。

本书在编写过程中得到宋春旸的帮助，在此表示感谢。

由于编者的水平所限，书中难免存在不妥之处，敬请读者指正。

编　者

2020 年 3 月

目录

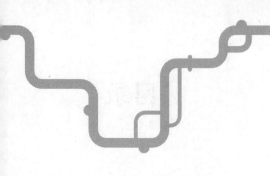

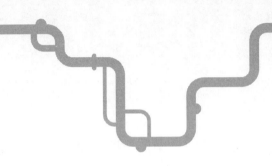

　　管道设计应根据压力、温度及管内介质特性等工艺条件，并结合环境、荷载等综合条件进行。设计应精益求精，提高设计质量，确保管道能够长期、安全、稳定、经济运行。

　　管道材料应根据管道级别、设计温度、设计压力、介质特性等设计条件，以及材料加工工艺性能、焊接性能和经济合理性等选用。同时选用的材料应具有化学性能、物理性能、抗疲劳性能和组织等稳定性。

　　压力管道的定义见表 1-1。

表 1-1　　　　　　　　　　压力管道的定义

代码	种类	类别	品种
8000	压力管道	压力管道，是指利用一定的压力，用于输送气体或者液体的管状设备，其范围规定为最高工作压力大于等于 0.1MPa（表压），介质为气体、液化气体、蒸汽或者可燃、易爆、有毒、有腐蚀性、最高工作温度高于等于标准沸点的液体，且公称直径大于等于 50mm 的管道。公称直径小于150mm，且其最高工作压力小于1.6MPa（表压）的输送无毒、不可燃、无腐蚀性气体的管道和设备本体所属管道除外。其中，石油天然气管道的安全监督管理还应按照《安全生产法》《石油天然气管道保护法》等法律法规实施	
8100		长输管道	
8110			输油管道
8120			输气管道
8200		公用管道	
8210			燃气管道
8220			热力管道

续表

代码	种类	类　　别	品　　种
8300	压力管道	工业管道	
8310			工艺管道
8320			动力管道
8330			制冷管道

压力管道的类别分为 GA 类（长输管道）、GB 类（公用管道）、GC 类（工业管道）、GD 类（动力管道）。

（1）GA 类（长输管道）指产地、储存库、使用单位之间输送商品介质的压力管道。

1）GA1 级：①输送有毒、可燃、易爆气体介质最高工作压力大于 4.0MPa 的长输管道；②输送有毒、可燃、易爆液体介质最高工作压力大于 6.4MPa，并且输送距离（指产地、储存库、使用单位之间输送商品介质的压力管道的长度）大于等于 200km 的长输管道。

2）GA2 级：GA1 级以外的长输（油气）管道。

（2）GB 类（公用管道）指城市或乡镇范围内的用于公用事业或民用的燃气管道和热力管道。

1）GB1 级：城镇燃气管道。

2）GB2 级：城镇热力管道。

（3）GC 类（工业管道）指企业、事业单位所属的用于输送工艺介质的工艺管道、公用工程管道及其他辅助管道。

1）GC1 级：①输送毒性程度为极度危险介质、高度危害气体介质和工作温度高于其标准沸点的高度危害介质的管道；②输送火灾危险性为甲、乙类可燃气体或甲类可燃液体（包括液化烃）的管道，并且设计压力大于等于 4.0MPa 的管道；③输送除前两项介质的流体介质并且设计压力大于等于 10.0MPa，或者设计压力大于等于 4.0MPa，并且设计温度大于等于 400℃的管道。

2）GC2 级：除 GC3 级管道外，介质毒性危害程度、火灾危险性（可燃性）、

2

设计压力和设计温度低于 GC1 级的管道。

3）GC3 级：输送无毒、非可燃流体介质，设计压力小于等于 1.0MPa，并且设计温度高于−20℃，但是不高于 185℃ 的管道。

（4）GD 类（动力管道）指火力发电厂用于输送蒸汽、汽水两相介质的管道。

1）GD1 级：设计压力大于等于 6.3MPa，或者设计温度大于等于 400℃ 的管道。

2）GD2 级：设计压力小于 6.3MPa，并且设计温度小于 400℃ 的管道。

压力管道的特点：

（1）应用广泛，种类繁多，数量巨大，它的设计、制作、安装、使用、检验、修理改造环节很多；

（2）跨越空间大、边界条件复杂；

（3）现场安装工作量大，工作条件较为恶劣，一般都是野外作业；

（4）管道材料种类多，选用复杂；

（5）管道组成件的生产厂一般规模都比较小，产品质量较难保证。

一、常用钢管材料的使用温度

常用钢管材料的使用温度见表 1-2。

表 1-2　　　　　　　　　常用钢管材料的使用温度

钢管	牌号或级别	推荐使用温度范围（℃）	标准号
无缝钢管	20G	≤425	GB 5310
	15MoG	≤470	
	12CrMoG	≤510	
	15CrMoG	≤510	
	12Cr2MoG	≤565	
	12Cr1MoVG	≤555	
	15Ni1MnMoNbCu	≤350	

续表

钢管	牌号或级别	推荐使用温度范围（℃）	标准号
无缝钢管	10Cr9Mo1VNbN ＜75mm	≤600	GB 5310
	10Cr9Mo1VNbN ≥75mm	≤600	
	07Cr19Ni10	≤650	
	07Cr18Ni11Nb	≤650	
	10	≤425	GB 3087
无缝钢管	20	≤425	GB 3087
	Q345	≤350	GB/T 8163
	10	≤425	
	20	≤425	
焊接钢管	Q235	≤300	GB/T 3091
	Q345	≤300	

二、常用钢材使用温度

常用钢材使用温度见表 1-3。

表 1-3　　　　　　　　常用钢材使用温度

材料	材料牌号	使用温度（℃）
碳素结构钢	Q235A	0～300
	Q235B	0～300
	Q235C	0～300
	Q235D	−20～300
优质碳素结构钢	10	−20～425
	20	−20～425
	20G	−20～425

续表

材　料	材　料　牌　号	使用温度（℃）
锅炉和压力容器用钢板	Q245R	−20～425
	Q345R	0～425
低合金钢	Q345A	0～350
	Q345B	0～350
	Q345C	0～350
	Q345D	−20～425
	Q345E	−40～425
	16MnD	−40～350
	09MnD	−50～350
	09Mn2VD	−50～100
	09MnNiD	−70～350
	15CrMoG	≤510
	12Cr1MoVG	≤555
	15Ni1MnMoNbCu	≤350
	10Cr9Mo1VNbN	≤600
	10Cr9MoW2 VNbN	≤621
	12CrMo	−20～525
	12Cr2Mo	−20～575
	12Cr5Mo（1Cr5Mo）	−20～600
高合金钢	06Cr13（0Cr13）	−20～400
	06Cr19Ni10（0Cr18Ni9）	−196～700
	06Cr18Ni11Ti（0Cr18Ni10Ti）	−196～700
	06Cr17Ni12Mo2（0Cr17Ni12Mo2）	−196～700
	0Cr18Ni12Mo2Ti	−196～500
	06Cr19Ni13Mo3（0Cr19Ni913Mo3）	−196～700

续表

材料	材料牌号	使用温度（℃）
高合金钢	022Cr19Ni10（00Cr19Ni10）	−196～425
	022Cr17Ni12Mo2（00Cr17Ni14Mo2）	−196～450
	022Cr19Ni13Mo3（00Cr19Ni13Mo3）	−196～450

注 括弧内材料为旧牌号。

三、电厂各类介质管道推荐流速

电厂各类介质管道推荐流速见表 1-4。

表 1-4　　　　　　　　电厂各类介质管道推荐流速

介质类别	管道名称		推荐流速（m/s）
主蒸汽	主蒸汽管道		40～60
中间再热蒸汽	高温再热蒸汽		45～65
	低温再热蒸汽		30～45
汽轮机排气		凝汽式	80～100
		背压式	40～60
其他蒸汽	抽汽或辅助蒸汽管道	过热蒸汽	35～60
		饱和蒸汽	30～50
		湿蒸汽	20～35
	至高、低压旁路阀和减压减温器的蒸汽管道。对于低压旁路阀出口管道，蒸汽流速可适当提高		60～90
给水	高压给水管道		2～6
	中压给水管道		2.0～3.5
	低压给水管道		0.5～3.0
凝结水	凝结水泵入口管道		0.5～1.0
	凝结水泵出口管道		2.0～3.5

续表

介质类别	管 道 名 称		推荐流速（m/s）
加热器疏水	加热器疏水管道	疏水泵入口	0.5~1.0
		疏水泵出口	1.5~3.0
		调节阀入口	1~2
		调节阀出口	20~100
其他水	生水、化学水、工业水、其他水管道	离心泵入口	0.5~1.5
		离心泵出口及其他压力	1.5~3.0
		自流、溢流等无压排水	<1.0
润滑油	汽轮机和发电机的润滑油供油管道		1.5~2.0
	汽轮机和发电机的润滑油回油管道		0.5~1.5
压缩空气	主厂房、车间内管道	热工控制用	10~15
		检修用	8~15
	厂区管道	热工控制用	10~12
		检修用	8~10
天然气	厂内管道		15~30
	输气管道		<25
液态液化石油气	液态液化石油气管道		0.8~1.4
氢气	工作压力 0.1~1.6MPa 管道	碳素钢管	<12
		不锈钢管	<15
	工作压力大于 1.6MPa 管道		<8
氧气	工作压力小于 3MPa 管道	碳素钢管	<15
		不锈钢管	可稍大 15
	工作压力大于 10MPa 管道		<6

高压加热器大旁路系统管道可根据流速计算选择比主给水管道小 1~2 级

管径，旁路管道流速上限可适当提高。

鉴于低压加热器可靠性较高，5、6号低压加热器和7、8号低压加热器均可共用一个旁路系统，旁路管道管径可较主凝结水管道管径减小1~2挡，按流速计算确定。燃料油推荐流速见表1-5。

表1-5　　　　　　　　燃料油推荐流速

介质	恩氏黏度（°E）	运动黏度（mm²/s）	管道名称	推荐流速（m/s）
燃料油	1~2	1.0~11.5	泵入口管道	1.5
			泵出口管道	2.5
	2~4	11.5~27.7	泵入口管道	1.3
			泵出口管道	2.0
	4~10	27.7~72.5	泵入口管道	1.2
			泵出口管道	1.5
	10~20	72.5~145.9	泵入口管道	1.1
			泵出口管道	1.2
	20~60	145.9~438.5	泵入口管道	1.0
			泵出口管道	1.1
	60~120	438.5~877.0	泵入口管道	0.8
			泵出口管道	1.0

四、两相流管道和再循环管道

存在汽水两相流的疏水和再循环管道，阀后管道宜采用CrMo合金钢材料，且壁厚宜加厚一级。

低压给水管道不宜采用焊接钢管。

对于两相流管道，当介质流动方向由下向上时，宜先水平后垂直布置；当介质流动方向由上向下时，宜先垂直后水平布置。

两相流管道设计要点：

（1）对高压加热器疏水管道（以及锅炉排污管道）等两相流动管道（调节阀后）为防止振动，建议：

1）调节阀尽量装在靠近接受介质容器的一侧，阀后管段应尽量短而直，少设弯头。

2）调节阀后的弯头（尤其是第一只弯头）应考虑抗冲蚀措施，如加厚壁厚，或者用三通连接，即在调节阀直通的一端加设合金钢堵板（带靶盘 T 形三通），以吸收两相混合物的冲击能量。

3）调节阀后的管径和壁厚宜加大 1～2 挡，其材质建议用合金钢以解决经调节阀节流后汽水混合物比容剧增，引起流速增加导致管道的冲刷和振动。

4）整个管系不能全部用弹性吊架，必须有固定支架或者导向支架、限位装置和刚性吊架，增加管系的稳定性。

5）管线布置不宜太软，力求短捷。

（2）高压加热器正常疏水至除氧器管道上的止回阀应布置在疏水调节阀之前，不要布置在阀后，以避免此阀受到冲击和振动。

（3）疏水管道和锅炉排污管道的壁厚宜比规定厚度加厚一档。

（4）接入疏水扩容器（或凝汽器）的进水联箱的管径应足够大，其流通截面应大于接入该联箱所有疏水管道截面积之和的 10 倍以上，以防止汽水阻塞和疏水倒流到相邻的疏水管中去，而且此联箱应尽量短和直，尽量不转弯。对于接入主蒸汽、再热热段等高温、高压管道疏水的进水联箱截面更应加大。

（5）各疏水管道应按运行压力范围相近者进行分组，分别接入不同压力的疏水扩容器的进水联箱。对同一分组的各接入点也要根据压力等级顺序排列（压力低的靠近容器侧）并与联箱轴线成 45°角，出口朝向扩容器侧。

（6）进入本体疏水扩容器进水联箱的各路疏水管道上的动力驱动阀和关断阀应画出布置示意图，图上有明确的定位尺寸。阀门布置的原则：

1）尽量靠近进水联箱，并在易于操作处（应设置专门的操作平台）。

2）尽量集中布置，不分散。如果受空间所限，也可采用分组集中的布置方式。

3）由于此处阀门太多，布置十分密集，应注意留出适当的检修空间，并且动力驱动头不应碰到邻近高温疏水管道保温层的外壁，否则容易烧坏驱动头。

（7）连续排污管道上建议设流量孔板，其动力驱动阀应在主控室遥控，并带阀位开度显示。

（8）当接入进水联箱的各疏水管道太多时，可适当加长联箱，但尽量避免转弯布置。

（9）汽轮机本体疏水扩容器进水联箱的布置标高应在扩容器内最高水位之上，并且此本体疏水扩容器的布置标高应保证其正常水位高于热井正常水位 1m 以上。

（10）有的厂家的本体疏水系统图中在许多本体疏水管路上设有逆止阀，由于此阀布置十分困难（立装时，介质流向要求自下而上，正好和疏水方向相反），必要性也不大，建议取消，前提是进水联箱的截面积应足够大。

（11）各级高低压加热器在向下一级加热器疏水时，应尽量避免向上疏水，当不能避免时，标高差也不能太大，尤其当除氧器布置标高较高时，应核算启动时，液位差对高压加热器疏水产生的不利影响，防止负荷降到一定值时，高压加热器疏水疏不进除氧器的情况。

（12）高压除氧器有关管道上的第一道阀门（除氧器侧）应选用钢制阀门。

（13）高压加热器事故疏水去向各工程不尽相同，有去除氧器的，去凝汽器的，去锅炉定排扩容器的，去管道疏水扩容器的，去高压加热器事故疏容器的，有去直流循环系统循环水排水管的。直接排入凝汽器是理想的方案，但凝汽器制造厂设计上有一定困难（必须设置消能装置），其次以接入高压加热器事故疏水扩容器为最好，建议在汽轮机技术协议谈判时指定由汽机厂家配供。

（14）当锅炉紧急放水接入定期排污扩容器时应对扩容器容积进行核算，当容积不够时，必须采取防止扩容器超压的措施，如扩容器内部加装喷水装置，或在管道终端靠近扩容器处加装节流装置等。

五、特殊介质管道

（1）氧气管道应采用无缝钢管。氧气管道与其他管道平行敷设时，氧气管道应布置在外侧，并宜布置在燃油管道的上方。架空敷设时，与其他热力管道的净距不小于 250mm，与燃油管道、燃气管道的净距不小于 500mm，氧气管道法兰处应跨接，电阻小于 0.03Ω。

（2）二氧化碳管道应采用无缝钢管。

（3）热工控制用压缩空气管道应采用不锈钢管或紫铜管。

（4）灰渣管道、石灰石浆液管道、石膏浆液管道宜架空敷设。

（5）易燃、可燃介质管道。易燃或可燃气体管道、液体管道宜采用无缝钢管。当采用非金属材料时，其材料应符合现行 GB 15558.1《燃气用聚乙烯管材》和 GB 15558.2《燃气用聚乙烯管件》的有关规定。易燃或可燃气体管道、液体管道的补偿严禁采用填料函式补偿器。

氢气管道应采用无缝钢管。氢气纯度要求高的管道宜采用不锈钢管。氢气管道与其他管道平行敷设时，氢气管道应布置在外侧并在上层。架空敷设时，与其他热力管道的净距不小于250mm；氢气管道不允许地沟敷设，防止氢气外漏时在沟内形成爆炸混合气和沿地沟进入室内。管道上应设有吹扫接头和放散管，氢气放散管应设阻火器，应有接地措施，法兰处要有金属线跨接，为了防止氢气管道系统与明火直接接触以及管道系统中压力突然降低，造成倒流形成回火，故在接有明火源的设备接管上应设置阻火器，阻止火焰延至管道系统。

乙炔管道应采用无缝钢管。

天然气管道附件严禁使用铸铁件，应采用铸钢件，其质量应符合有关标准要求。天然气管道跨越道路、铁路的净空高度见表 1-6。

表 1-6　　　　　天然气管道跨越道路、铁路的净空高度

道 路 类 型	净空高度 （m）
人行道	2.2

续表

道 路 类 型	净空高度 （m）
公路	5.5
铁路	6.0
电气化铁路	11.0

液态液化石油气管道尽量采用埋地敷设。

燃油管道应进行应力分析计算。至锅炉每个燃烧器的供油管道上应设快速切断阀，每个燃烧器的回油管道上应设止回阀。燃油管道宜架空敷设。

润滑油系统管道，一般均应使用无缝钢管，禁止使用铸铁阀门，应采用锻钢或铸钢阀门，阀门宜全部采用钢制明杆阀门；管道弯头应采用热压弯头和冷弯管，不得使用焊接弯头和灌沙热煨弯管。润滑油管密封面应使用有封闭线的平焊法兰或对焊法兰；法兰接合面的垫料应使用耐油石棉橡胶垫，不得使用聚氯乙烯塑料垫和橡胶垫。润滑油管道上的阀门及法兰附件、管件（三通、弯头等）按比管道设计压力高一级压力等级选用。事故放油管上应设两个钢质截止阀，操作手轮与邮箱的距离必须大于 5m，并有两条通道可到达操作手轮。

润滑油系统中的管道和阀门应采用不锈钢材料。

抗燃油系统管路、阀门、接头等材质均应选用不锈钢，弯头、三通、变径管等应选用机制承插式管件。

抗燃油系统法兰垫片应采用聚四氟乙烯垫，不得使用耐油石棉橡胶垫。

发动机密封油排油方向应有不小于 0.01 的坡度，管道应尽量短而直，排入汽轮机主油箱的密封油回油管，在进入主油箱前应装设油封管，其高度应不小于 2000mm，以防氢气带入主油箱。

（6）有毒介质管道。有毒气体或液体管道材料应采用无缝钢管，管道的连接应采用焊接或焊接带颈法兰连接。输送有毒介质的管道不宜采用螺纹连接及选用丝扣阀门，确需采用螺纹连接时，应在螺纹处采用密封焊。当必须采用螺纹连接时，应根据介质特性及运行条件采用可靠的密封材料及密封措施，管道的补偿严禁采用填料函式补偿器。

液氨管道宜采用低支架敷设，其管底与地面的净距宜为 0.35m。氨气管道宜架空或沿地面敷设，必须采用管沟敷设时，应采取防止氨气在管沟内积聚的措施，并在进出装置及厂房处密封隔断；氨气管道不应和电力电缆、热力管道敷设在同一管沟内。氨气管道与厂区电力电缆、氢管、油管等共架多层敷设时，应将氨气管道分开布置在管架的两侧或不同标高中的上层，其间宜用其他公用工程管道隔开。氨气管道与其他管道共架敷设时，架空氨气管道与其他架空管线之间的最小净距应符合表 1-7 要求。

表 1-7　　　架空氨气管道与其他架空管线之间的最小净距　　　　　　　　m

名　　称	平行净距	交叉净距
给水管、排水管	0.25	0.25
热力管（蒸汽压力不超过 1.3MPa）	0.25	0.25
不燃气体管	0.25	0.25
燃气管、燃油管和氧气管	0.50	0.25
滑触线	3.00	0.50
裸导线	2.00	0.50
绝缘导线和电气线路	1.00	0.50
穿有导线的电线管	1.00	0.25
插接式母线，悬挂干线	3.00	1.00

注　当管道采用焊接连接结构并无阀门时，氨气管道与氧气管道间平行净距可取 0.25m。管道系统设计应尽量减小冲击和振动荷载，必要时应用合适的动态分析来避免和减少管道的振动、脉动和共振的影响。

六、管道热补偿

应充分利用管道本身柔性的自补偿来补偿管道的热膨胀，60°以下的弯头不宜用作自然补偿。但自然补偿不能满足要求时，必须增设补偿器。

除自然补偿方式外，常用的补偿装置有方形补偿器、套筒补偿器、波纹管补偿器和球形补偿器。

（1）自然补偿。一般采用 L 形、Z 形及空间立体弯三种类型作为自然补偿。

1）热力管网布置时，应尽量利用所有的管路原有弯曲的自然补偿，当自然补偿不能满足要求时，才考虑装设各种类型的补偿器。

2）当弯管转角小于 150°时，能用 L 形作自然补偿；大于 150°时不能用 L 形作自然补偿。

3）L 形自然补偿的管道臂长不应超过 20～25m。

4）自然补偿管段短臂长度的计算。

L 形补偿管段见图 1-1，其短臂长度按下式计算

$$L_2 = \sqrt{\frac{\Delta LD}{300}} \times 1.1$$

式中　L_2——L 形补偿管段的短臂长度，m；

　　　ΔL——长臂 L_1 的热伸长量，mm；

　　　D——管子外径，mm。

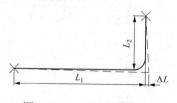

图 1-1　L 形补偿管段

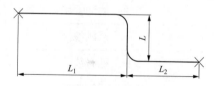

图 1-2　Z 形补偿管段

Z 形补偿管段见图 1-2，其短臂 L 的长度可按下式计算

$$L = \left[\frac{6\Delta LED}{10^7 [\sigma](1+1.2k)}\right]^{\frac{1}{2}}$$

式中　L——Z 形自然补偿的短臂长度，m；

　　　ΔL——（L_1+L_2）的总热伸长量，mm；

　　　E——管道材料的弹性模量，MPa；

　　　D——管子外径，mm；

　　　$[\sigma]$——弯曲允许应力，MPa；

k ——系数，$k = \dfrac{L_1 + L_2}{L_1}$（且 $L_2 < L_1$）。

（2）方形补偿器。方形补偿器是用无缝钢管煨弯或弯头焊接制成。其优点是制造方便，轴向推力较小，维修量少，运行可靠；其缺点是单向外伸臂较长，占地面积较大，需增设支架。

方形补偿器选用原则：

1）热力管道补偿器尽量采用方形补偿器，当该型补偿器不便使用时，才选用其他形式补偿器。

2）方形补偿器应尽可能布置在两固定支架之间的中心点上。如因地方限制不可能把方形补偿器布置在两固定支架之间的中心点上，较短一边直线管道的长度不宜小于该段全长的 1/3。

3）方形补偿器的自由臂（导向支架至补偿器外伸臂的距离），一般为 40 倍公称直径的长度。

4）方形补偿器安装时一般进行预拉伸，当介质温度为 250℃时，预拉伸值为计算热伸长量的 50%；当介质温度为 250～400℃时，预拉伸值为计算热伸长量的 70%。

方形补偿器的类型：

方形补偿器是由四个 90°弯头组成，常用的是如图 1-3 所示的四个类型。

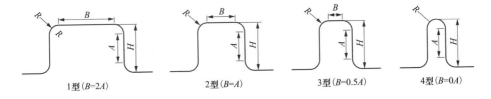

1型($B=2A$)　　2型($B=A$)　　3型($B=0.5A$)　　4型($B=0A$)

图 1-3　方形补偿器类型

七、管道蠕胀问题

通常碳钢温度值在 300～350℃，低合金钢在 400～450℃使用时应考虑蠕胀问题。

对于主蒸汽、再热热段管道材料主要为 10CrMo910、A335P22 的钢管，可选取三组蠕变测量截面来代替蠕胀监察段；对于主蒸汽、再热热段管道材料主要为 A335P91、A335P92 的钢管，可选取蠕胀监察段。

八、管道冷紧和安装坡度

（一）管道的冷紧

1. 冷紧的定义

冷紧是指在安装时，使管道产生一个预变形和初应力的一种方法，通过这种管道预变形，使管道在安装状态时，对设备或固定点预先施加一个与运行（操作）状态时相反的作用力。

如果热膨胀产生的初始应力较大时，在管道运行初期，初始应力超过管道材料的屈服强度而发生局部塑性变形，或在高温长期持续作用下，管道上发生应力松弛或蠕变现象，在管道重新回到冷态时，则产生反方向的应力，这种现象称为管道自冷紧。

管道运行会膨胀就提前剪短，管道运行会冷缩就提前加长。

2. 冷紧的目的

冷紧的目的是将管道的热应变的一部分集中在安装状态，从而降低管道在运行（操作）状态对设备和固定点的作用力和力矩，同时在安装状态下，管道对设备和固定点作用力和力矩也应限制在所能承受的范围之内。由于冷紧可以降低运行（操作）状态下的管道应力，冷紧可以避免或减少材料蠕变的发生。冷紧也可以防止管道法兰连接处弯矩过大而发生泄漏。但冷紧不改变管道的热胀应力范围。

3. 冷紧的原则

为了降低管道运行初期在工作状态下的应力和管道对连接设备或固定点的作用力、力矩，可以采用冷紧。

通常应尽量避免采用冷紧，在必须采用冷紧的情况下，要遵循下列原则：

设计温度在 430℃ 及以上管道宜进行冷紧，冷紧比（亦即冷紧值与全补偿量的比值）应不小于 0.7。对于其他管道，当需要减小工作状态下对设备的推力和力矩时，也可进行冷紧。冷紧有效系数，对工作状态取 2/3，对冷状态取 1。对于多分支管道，各分支的冷紧值应根据节点位移情况和各分支的柔度决定。

当管道上有限位支吊架及刚性吊架时，冷紧量和冷紧口应以限位支吊架为分隔点进行分段计算和设置。实际施工时，可通过放拉杆、松限位的方式集中进行冷紧。

冷紧口宜选在便于施工处，如靠近平台、梁柱等和管系冷态弯矩较小处。

对连接转动设备的管道，不宜采用冷紧。

与敏感设备相连的管道不宜采用冷紧。因为由于施工时冷紧量不易控制，误差较大；另一方面，在管道安装完成后，需要将与敏感设备管口相连的法兰卸开，检查该法兰与设备法兰的同轴度和平行度，如果采用冷紧这一检查将无法进行。

（二）管道安装坡度

管道安装坡度见表 1-8。

表 1-8　　　　　　　　管道安装坡度

管道名称		安装坡度	坡　　　向
主蒸汽管道		≥0.005	顺气流方向
再热蒸汽管道		≥0.005	顺气流方向
抽汽管道		≥0.005	顺气流方向
汽封系统管道		≥0.02	疏水坡向联箱。坡向供汽汽源。坡向轴封加热器。即坡向连接对象
其他蒸汽管道	温度≥430℃	≥0.004	
	温度＜430℃	≥0.002	
低压给水管道		≥0.15	
其他水管道		≥0.002	
润滑油管道	供油	0.003～0.005	应坡向油箱
	回油	0.02～0.03	

管道名称		安装坡度	坡　　向
事故放油管道		0.01	
压缩空气管道		>0.003	顺气流方向
		>0.005	逆气流方向
氢气管道		>0.003	
天然气管道		>0.003	顺气流方向
		>0.005	逆气流方向
煤气管道	室内	0.003	
	室外	0.005	
燃油管道	轻油	0.003~0.005	卸油和供油应坡向油泵房。回油管道应比供油管道坡度适当加大
	重油	0.02	
	其他油	0.005	

汽水管道坡切的目的是为保证水平布置的管道在冷热两种状态都具有一定的坡度，从而在启动升温和停运冷却期间，当管道中有凝结水产生时，系统可以通过坡度到低位点的疏水装置有效地疏放凝结水，以避免造成管内积水，危害汽轮机安全。

九、管道零部件

两个成型的管道附件相连接，宜装设一段直管段，对于 DN≥150mm 的管道，直管段长度不应小于 200mm，对于 DN<150mm 的管道，直管段长度不应小于 150mm，对于大直径管道，直管段应适当加长，当直管段内有支吊架或疏水管接头时，直管段应根据需要适当加长。

（一）弯管、弯头

弯管、弯头、三通和异径管等管道附件的通流面积不应小于相连接管道通流面积的 95%。

对于电厂主蒸汽、再热蒸汽和高压给水等主要管道，宜采用较大弯曲半径的弯管，弯管弯曲半径宜为管子外径的 3~5 倍。

公称压力 PN1.0MPa 以下、公称尺寸 DN50mm 以下的管道可采用冷弯弯管。

公称压力大于 PN1.6MPa 的管道上应采用无缝热压弯头，且宜带直管段。

设计压力为 6.3MPa 及以上或设计温度为 400℃ 及以上的管道，当采用弯头时，弯头宜带直段。

低温再热蒸汽管道采用电熔焊钢管时，其弯头宜采用同质量的电熔焊钢管进行热加工成型。

对于 PN≥6.3MPa 的管道应采用中频加热弯管，PN＜6.3MPa 的管道宜采用热成型的弯头。

弯头宜采用长半径弯头，短半径弯头仅在布置特殊需要时使用。

焊接弯头的工作压力不应超过 1.0MPa，工作温度不应超过 300℃。

输送气固或液固两向流的管道应选用大弯曲半径弯管，弯管的弯曲半径不宜小于管道公称直径的 4 倍。

（二）异径管

钢管模压异径管可用于各种压力等级的管道上。

钢板焊制异径管宜用于公称压力不大于 PN1.6MPa 的管道上。

在三通附近装设异径管时，对于汇流三通，异径管应布置在汇流前的管道上；对于分流三通，异径管应布置在分流后的管道上。

水泵入口水平管道上的偏心异径管，当泵入口管道由下向上水平接入泵时，应采用偏心向下布置；当泵入口管道由上向下水平接入泵时，应采用偏心向上布置。

蒸汽管道按疏水坡度方向管径由大变小时，应采用偏心异径管，且异径管的布置应偏心向上。

管廊上的管道变径时，如无特殊要求，水平管道应选用底平偏心异径管，垂直管道宜选用同心异径管。

调节阀两侧管道上的异径管宜靠近调节阀布置。

（三）封头

公称压力 PN2.5MPa 以上的管道宜采用椭圆形封头，也可采用对焊平封头。

公称压力 PN2.5MPa 及以下的管道可采用平焊封头。

（四）三通

三通不宜采用带加强环、加强板及加强筋等辅助元件加强的型式。

公称压力 PN2.5MPa 及以下压力参数，在满足补强要求的前提下可采用直接连接；公称压力大于 PN2.5MPa 的支管连接应采用成型三通连接。

电站主要管道的三通型式选用见表 1-9。

表 1-9　　　　　　　　　电站主要管道的三通型式选用

	超超临界参数	超临界参数	亚临界参数	亚临界以下参数
主蒸汽管道	锻制、热压	锻制、热压	锻制、热压	热压
高温再热蒸汽管道	锻制、热压	锻制、热压	锻制、热压	热压
低温再热蒸汽管道	焊接	焊接	焊接	焊接、热压
高压给水管道	热压	热压	热压	热压

亚临界及以上参数机组的主蒸汽、再热蒸汽管道的合流或分流三通宜采用斜三通或 Y 形三通等。

（五）法兰

设计温度大于 300℃或公称压力 PN4.0MPa 及以上的管道，应选用对焊法兰。设计温度在 300℃及以下且公称压力 PN2.5MPa 及以下的管道，宜选用带颈平焊法兰。法兰材料选用见表 1-10。

表 1-10　　　　　　　　　法兰材料选用

公称压力 PN (MPa)	介质温度（℃）						
	0~200	300	350	400	425	510	555
≤1.6	Q235B，20		20，Q345B		Q345B	–	
2.5、4.0、6.3、10	20，Q345B				Q345B	12CrMo 15 CrMoA	–
压力不限						12Cr1MoVR	

平焊法兰不应与无直管段的弯头直接连接。

平焊法兰不得用于温度频繁变化的工况，特别是法兰未做绝热的场合。

氧气管道不应使用异径法兰。

（六）流量测量装置

流量测量装置前后应有一定长度的直管段。直管段的长度值按照现行标准规范选取。当流量测量装置的口径未知，且预计该口径与管子内径之比值在 0.3～0.5 之间时，流量测量装置前后的直管段，可分别取不小于管子内径的 20 倍和 6 倍。

流量测量装置前后允许的最小直管段长度内，不宜装设疏水管测量元件或其他接管座。

十、阀门

选用阀门主要从工艺条件、安全可靠、操作维修方便、经济合理等方面考虑。选用原则如下：

根据阀门的工作压力和工作温度、输送介质的特性、阀门的功能、阀门的材质、阀门的阻力损失、泄漏等级、启闭时间、阀门通经选择。并应满足系统关断、调节、运行要求和布置设计的要求。阀门的型式、操作方式应根据阀门的结构和安装、运行、检修的要求选择。

（一）阀门作用及安装要求

（1）闸阀：作关断用。当要求流动阻力较小或介质需两个方向流动时宜选用闸阀，闸阀不宜做调节用。双闸板闸阀宜装于水平管道上，阀杆垂直向上。单闸板闸阀可装于任意位置的管道上。

（2）截止阀：作关断用。当要求严密性较高时宜选用。可装于任意位置的管道上。

（3）球阀：作调节和关断用。当要求迅速关断或开启时可选用。可装于任意位置的管道上，但带传动装置的球阀应使阀杆垂直向上。

（4）调节阀：应根据介质、管系布置、使用目的、调节方式和调节范围及调节阀的等百分比、线性、平方根、抛物线等流量特性选用，并应满足在任何工况下对流量、压降及噪声的要求。调节阀不宜作关断阀使用，选择调节阀时应有控制噪声、防止闪蒸及汽蚀的措施。

当调节幅度小且不需要经常调节时，对调节精度不高的下列管道可用截止阀兼作关断和调节用：

1）设计压力不大于 1.6MPa 的水管道。

2）设计压力不大于 1.0MPa 的蒸汽管道。

（5）止回阀：止回阀使流体单向流动。

立式升降止回阀应装在垂直管道上，且介质自下而上流动。

直通式升降止回阀应装在水平管道上。

水平瓣止回阀应装在水平管道上。

旋启式止回阀宜安装于水平管道上，当安装在垂直管道上时，管内介质流向应为由下向上。

底阀应装在水泵的垂直吸入管端。

汽轮机抽汽管道的动力止回阀及电动隔断阀宜靠近汽轮机抽汽口布置，止回阀的布置位置应取得汽轮机制造厂的认可。

（6）疏水阀：根据疏水系统的具体要求，可采用自动控制的疏水阀。疏水阀应按疏水量、选用倍率和制造厂提供的不同压差下的最大连续排水量进行选择。单阀容量不足时，可两阀并联使用。疏水阀宜水平安装，疏水阀宜带有过滤器，或在疏水阀前安装过滤器。

（7）蝶阀：宜用于全开、全关的大口径管道上，也可作调节用。

（8）安全阀：安全阀的规格和数量，应根据排放介质的流量和参数，并应计及背压的影响，按标准规范推荐的方法或制造厂资料进行选择。应根据系统功能和排放量的要求选用全启式或微启式安全阀。在水管道上，应采用微启式安全阀；在蒸汽管道上，可根据介质种类、排放量的大小采用全启式或微启式安全阀，压力式除氧器上的安全阀应采用全启式安全阀。布置安全阀时，必须使阀杆垂直向上。结构封闭式：用于易燃、易爆或有毒介质的生产装置上；结构不封闭式：用于蒸汽或惰性气体的生产装置上。

安全阀不应采用静重式或重力杠杆式的安全阀。

1）符合下列情况之一的管道，应装设安全阀：

a．设计压力小于外部压力源的压力，出口可能被关断或堵塞的设备和管道系统。

b．减压装置出口设计压力小于进口压力，排放出口可能被关断或堵塞的设备和管道系统。

c．因两端关断阀关闭，受外界影响而产生热膨胀或汽化的管道系统。

d．汽轮机调整抽汽管道。

e．背压式汽轮机的排气管道。

f．热网循环泵前的热网回水管道。

2）安全阀相关压力的确定：

a．安全阀的整定压力除工艺有特殊要求外，应为正常最大工作压力的 1.1 倍，最低为 1.05 倍。

b．当管道系统装设一个或多个安全阀时，安全阀最低整定压力不应大于管道设计压力，其余安全阀的最高整定压力不宜超过管道设计压力的 1.03 倍，且安全阀的最大排放压力不应大于管道设计压力的 1.06 倍。

c．安全阀的启闭压差宜为整定压力的 4%～7%，最大不得超过整定压力的 10%。

d．安全阀入口管道的压力损失宜小于整定压力的 3%，安全阀出口管道压力损失不宜超过整定压力的 10%。

3）安全阀的布置应符合以下规定：

a．主蒸汽和高温再热蒸汽管道上的安全阀，阀门应距上游弯管或弯头起弯点不小于 8 倍管子内径的距离；当弯管或弯头是从垂直向上而转向水平方向时，其距离还应适当加大。除下游弯管或弯头外，安全阀入口管距上下游两侧其他附件也应不小于 8 倍管子内径的距离。

b．两个或两个以上安全阀布置在同一管道上时，其间距沿管道轴向应不小于相邻安全阀入口管内径之和的 1.5 倍。当两个安全阀在同一管道断面的周向上引出时，其周向间距的弧长不应小于两安全阀入口内径之和。

c. 当排汽管为开式排放，且安全阀阀管上无支架时，安全阀布置宜使入口管缩短，安全阀出口的方向应平行于主管或联箱的轴线。

d. 在同一根主管或联箱上布置有多只安全阀时，应使安全阀在所有运行方式下，其排放作用力矩对主管的影响达到相互平衡。

e. 安全阀应垂直安装。

f. 安全阀入口管道和出口管道上不应设置切断阀。

g. 在被保护的管道和设备与安全阀之间不应设置切断阀。

h. 法兰连接的阀门或铸铁阀门，应布置在管系弯矩较小处。

i. 阀门宜布置在管系的热位移较小位置。

j. 管道布置不宜使阀门承受过大的荷载。

（二）特殊阀门的要求

（1）重型阀门和规格较大的焊接式阀门，宜布置在水平管道上，阀杆宜垂直向上；当必须装设在垂直管道上时应取得阀门制造厂的认可。

（2）存在两相流动的管系，调节阀或疏水阀的位置宜接近接受介质的容器，如果条件许可，调节阀或疏水阀应直接与接受介质的容器连接。调节阀后第一个转向弯头应改成三通连接，三通的一端应加设堵头。

（3）汽轮机旁路阀宜靠近汽轮机布置，旁路阀前后连接管道的布置应符合制造厂的要求，旁路阀的阀杆宜垂直向上，喷水调节阀应靠近旁路阀的喷水入口。

（4）与高压除氧器和给水箱相连管道的阀门及给水泵进口阀门、油系统阀门应采用钢制阀门。

（5）易燃或可燃气体阀门应采用燃气专用阀门，不得用输送普通流体的阀门代替。

（6）天然气门站工艺系统应选用弹簧封闭全启式安全阀或先导式安全阀。

（7）有毒介质管道的阀门应采用严密的钢制阀门，阀门本体的密封应有可靠的防泄漏的措施。

（8）空气压缩机与空气储罐之间的管道上应装设止回阀。

（9）氧气管道上的阀门和附件应保证其严密性，宜采用截止阀，严禁使用闸阀和快开快关型阀门。氧气管道阀门及附件材料见表1-11。

表 1-11　　　　　　　　　　氧气管道阀门及附件材料

工作压力 （MPa）	阀门材料		法兰密封面形式	垫片材料
< 1.6	阀体	铸钢	平面	石墨缠绕式垫片或退火软化铝片
1.6 ~ 3	阀杆	不锈钢		
	阀芯	不锈钢		
	全不锈钢		凹凸式或榫槽式	
> 10	全铜基合金钢		凹凸式或梯形槽	退火软化铜片

（10）阀门内与氧气接触的部分，严禁用含油材料或可燃材料。

（11）腐蚀性介质管道应采用严密型阀门，阀门本体的密封应有可靠的防泄漏的措施。

（12）乙炔管道应采用铸钢阀门，不应选用闸阀。

（13）氢气管道上的阀门和附件应保证其严密性，应采用球阀、截止阀，严禁使用闸阀，不宜采用铜基合金材料制作的阀门部件。

（14）润滑油系统中的管道和阀门应采用不锈钢材料。润滑油系统禁止使用铸铁阀门，应采用锻钢或铸钢阀门。

（15）润滑油管道上的阀门及法兰附件、管件（三通、弯头等）按比管道设计压力高一级压力等级选用。

（16）润滑油管道上阀门和法兰应布置在高温管道的下方，若布置在高温管道的上方时，高温管道应保温良好，且采取密闭的金属保护层，并在油管道阀门和法兰的下方设油盘，把漏油及时排到安全的地方。

（17）直埋供热管道上的阀门应能承受管道的轴向荷载，宜采用钢制阀门及焊接连接。

（18）石灰石浆液、石膏浆液上的阀门宜选用蝶阀，尽量少采用调节阀。阀门的通流直径宜与管道一致。

（19）化学加药和取样管道阀门应采用不锈钢材质。

（三）阀门的旁通阀

具有下列情况之一的关断阀，制造厂如不带旁通阀时，宜装设旁通阀：

（1）蒸汽管道启动暖管需要先开旁通阀预热时。

（2）汽轮机自动主汽阀前的电动主闸阀。

（3）对于截止阀，介质作用在阀座上的力超过 50kN 时。

（4）公称压力不大于 PN1.0MPa，公称尺寸不小于 DN600mm 手动闸阀。

（5）公称压力等于 PN1.6MPa，公称尺寸不小于 DN450mm 手动闸阀。

（6）公称压力等于 PN2.5MPa，公称尺寸不小于 DN350mm 手动闸阀。

（7）公称压力等于 PN4.0MPa，公称尺寸不小于 DN250mm 手动闸阀。

（8）公称压力等于 PN6.3MPa，公称尺寸不小于 DN200mm 手动闸阀。

（9）公称压力等于 PN10MPa，公称尺寸不小于 DN150mm 手动闸阀。

（10）公称压力不小于 PN20MPa，公称尺寸不小于 DN100mm 手动闸阀。

关断阀的旁通阀公称尺寸见表 1-12。

表 1-12　　　　　　　　关断阀的旁通阀公称尺寸　　　　　　　mm

关断阀公称尺寸 DN	100~250	300 及以上
旁通阀公称尺寸 DN	20~25	25~50

（四）阀门的驱动装置

在下列情况下工作的阀门，应装设动力驱动装置：

（1）按生产过程的控制要求，需要频繁启动、远方操作或由控制联锁要求时。

（2）需要频繁启闭或远方操作。

（3）阀门装设在手动操作难以实现的地方或必须在两个及以上的地方操

作时。

（4）扭转力矩较大，或开关阀门时间较长。

电动、气动或液动驱动方式的选用应根据系统需要、安装地点、环境条件、热工控制和制造厂要求，以及驱动装置特点进行选择。

电动驱动装置用于有爆炸性气体或物料积聚及高温潮湿雨淋的场所时，应选用相应防护等级的电动驱动装置。采用气动驱动装置时应有可靠的供气系统及气源设施。

对于驱动装置失去动力时阀门有"开"或"关"位置要求时，应采用气动或液动驱动装置。

（五）阀门传动装置扭矩

闸阀、截止阀传动装置许用最大扭矩见表1-13、表1-14。

表 1-13　　　　　　　　　闸阀传动装置许用最大扭矩

传动装置许用最大扭矩（N·m）	对应下列 PN（MPa）所适用的闸阀 DN（mm）									
	≤1.0	≤1.6	≤2.5	≤4.0	≤6.3	≤10	≤16	≤20	≤25	≤32
≤80	≤150	≤125	≤80	≤65						
≤300	≤350	≤300	≤300	≤200	≤100	≤100	≤80			
≤600	≤600	≤400	≤350	≤300	≤200	≤150	≤125			
≤1200	≤800	≤450	≤400	≤350	≤250	≤200	≤150	≤125	≤100	≤100
≤2500	≤1000	≤800	≤600	≤500	≤400	≤300	≤250	≤225	≤200	≤200

表 1-14　　　　　　　　　截止阀传动装置许用最大扭矩

传动装置许用最大扭矩（N·m）	对应下列 PN（MPa）所适用的截止阀 DN（mm）						
	≤4.0	≤6.3	≤10	≤16	≤20	≤25	≤32
≤80	≤50						
≤300	≤100	≤80	≤65	≤50	≤25	≤20	≤20
≤600	≤125	≤100	≤80	≤65	≤50	≤40	≤40

传动装置许用最大扭矩（N·m）	对应下列 PN（MPa）所适用的截止阀 DN（mm）						
	≤4.0	≤6.3	≤10	≤16	≤20	≤25	≤32
≤1200	≤150	≤125	≤100	≤80	≤65	≤65	≤65
≤2500	≤200	≤150	≤150	≤125	≤100	≤80	≤80

十一、补偿器

补偿器应按照介质种类、参数、补偿位移方向和大小选用。

热力系统宜选用金属波纹管补偿器，材料宜选用奥氏体不锈钢；循环水和冷却水管道可选用非金属补偿器，材料可选用橡胶材质。

管道设计中应计及补偿器的弹性力和内压推力。

补偿器和金属软管不应用于受扭转的场合。

管道的补偿不应采用填料函式补偿器和焊接波形补偿器。

十二、管道支吊架

用于承受管道荷载、约束管道位移和控制管道振动，并将荷载传递承载结构的各种组件或装置的总称，但不包括土建的结构。

管道支吊架的设置和选型应根据管道系统的总体布置综合分析确定。支吊架系统应合理承受管道的动荷载、静荷载和偶然荷载；合理约束管道位移；保证在各种工况下，管道应力均在允许范围内；满足管道所连设备对接口推力、力矩的限制要求；增加管道的稳定性，防止管道振动。

设计管道支吊架时应计入但不限于下列荷载：

（1）管子、管道零部件、阀门、支吊架零部件、管道绝热层等的重力。

（2）管道内介质的重力。如管内介质较轻，则计入管道水压试验或管道清洗时的介质重力。

（3）管道中的柔性部件（如波形补偿器、柔性金属软管、滑动伸缩节等）

由于内部压力产生的作用力。

（4）室外的管道（或管道绝热层）外积灰荷载、表面温度小于 20℃时受到的冰雪荷载。

（5）支吊架约束管道位移（包括热胀、冷缩、冷紧、自拉和端点附加位移）所承受的约束反力、力矩和弹簧支吊架转移荷载。

（6）　正常运行时，由于各种原因引起的管道振动力。

（7）室外管道受到的风荷载及地震引起的荷载，但不考虑两者同时作用。

（8）管道内流体排放产生的反力。

（9）管道内流体动量瞬时突变（如水锤、气锤）引起的瞬态作用力。

其中：（1）项为永久荷载；（2）～（5）项为临时荷载（变化荷载）；（6）～（9）项为偶然荷载，通常为动荷载。

（一）管道支吊架的作用

（1）承受管道的重力荷载（包括自重、介质重、支吊架零部件、保温结构重、冰雪重、积灰重等）。

（2）起限位作用，限制管道非期望方向的位移。

（3）控制管道振动，抑制管道晃动。

固定支架限制三个方向的线位移和三个方向的角位移。

导向支架限制两个方向的线位移。

支托架（或单向支托架）限制一个方向的线位移。

恒力和变力弹簧支吊架在应用上的限制：恒力弹簧支吊架适用于垂直位移值较大或受力要求苛刻的场合，避免冷热态受力变化太大，导致管道对设备作用力和力矩超限或管道应力超标。恒力弹簧的恒定度应小于等于 6%，以保证支吊点发生位移时，支吊架荷载的变化较小。

变力弹簧支吊架适用于支承点有垂直位移，用刚性支吊架会脱空或造成热胀推力、力矩过大的场合。与恒力弹簧支吊架相比，变力弹簧支吊架会造成一定的荷载转移，为防止过大的荷载转移，变力弹簧支吊架的荷载变化率应小于等于 25%。

（二）管道支吊架的类型

管道支吊架一般分为三大类：承重支吊架、限制性支吊架和防振支架。

承重支吊架：刚性支吊架、可调刚性支吊架、变力弹簧支吊架和恒力弹簧支吊架。

限制性支吊架：固定支架、限位支架和导向支架。

防振支架：减振器和阻尼器。

（1）固定支架：在支吊点处完全约束而不产生任何线位移和角位移的刚性装置。

（2）可调刚性支吊架：将管道支撑在滑动底板上，用以承受管道重力等垂直荷载并约束管系在支吊点处垂直位移的支架。

（3）刚性支吊架：用以承受管道重力等垂直荷载并约束管系在支吊点处垂直位移的吊架。

（4）导向支架：用以引导管道沿预定方向位移而限制其他方向位移的装置。用于水平管道的导向装置也可承受管道的重力等垂直荷载。

（5）限位支架：用以约束或部分限制管道在限位点处某一个（或几个）方向位移的装置。它通常不承受管道的重力等垂直荷载。

（6）恒力弹簧支吊架：用以承受管道自重（管道重、管内介质重、保温结构重）荷载，且其承载力不随支吊架处管道的垂直位移变化而变化，即荷载保持基本恒定的支吊架。

（7）变力弹簧支吊架：用以承受管道自重（管道重、管内介质重、保温结构重）荷载，但其承载力随着支吊架处管道垂直位移的变化而变化的弹性支吊架。

（8）减振器：用以控制管道低频高幅晃动或高频低幅振动，但对管道的热胀或冷缩有一定约束的装置。

（9）阻尼器：用以承受管道地震荷载或冲击荷载，控制管道高速振动位移，同时允许管道自由地热胀冷缩的装置。

（三）管道支吊架选用的原则

（1）选用管道支吊架时，应按照支承点所承受的荷载大小和方向、管道的位移值、工作温度、是否保温或保冷、管道的材质等条件选用合适的支吊架；

（2）设计管道支吊架时，优先选用标准管道支吊架部件。

（3）焊接型的管道支吊架比卡箍型的管道支吊架节省钢材，且制作简单，施工方便，因此，除非下列情况，尽量采用焊接型的管道支吊架：

1）管内介质温度大于等于400℃的碳素钢管道；

2）低温管道（小于等于-50℃）；

3）合金钢管道；

4）需要经常拆卸检修的管道。

（四）管道支吊架选型

支吊架结构型式应根据管道布置，周围的建（构）筑物结构以及邻近管道和设备布置情况选择。支吊架应支撑在可靠的建构筑物上，且不应影响设备检修维护以及其他管道的安装和管道的热胀冷缩。

支吊架选型时，应优先采用合适的刚性支吊架，以增加管系稳定性，限制管道位移，控制管道振动，合理分配管系补偿。过多地使用弹簧支吊架将造成由于缺少约束刚度而使管系动态不稳定，且不经济。

刚性吊架、滑动支架、滚动支架、变力弹簧支吊架、恒力弹簧支吊架可用于承受管道垂直荷载的场合。

导向装置、限位装置、固定支架等可用于限制管道位移的场合。

减振器和阻尼器可用于控制管道振动的场合。

在需要控制管道振动、限制管道各方向位移或管道较长时，宜在适当位置设置固定支架；固定支架的水平力应计入其他支架的摩擦力、承受管道的热胀冷缩作用力和变力弹簧支吊架的转移荷载对水平力的影响。

采用柔性补偿装置的管道，应在适当位置设置固定支架和导向装置，将热膨胀位移引导到柔性补偿装置。

滑动支架应允许管道水平方向自由位移，滚动支架应允许水平管道沿轴线方向自由位移，只承受垂直方向的各种荷载。

限位支架和导向支架在预定约束方向上的冷态间隙不宜超过2mm。在管道径向两侧约束时,其冷态间隙还应计及管道径向热膨胀量。

垂直管道采用两臂刚性支吊架时,应注意由于管道位移可能引起单侧脱载,支吊架管部、单边拉杆、刚性支撑部件和根部应能承受该支吊点的全部荷载,卡块选用时应考虑管道的壁厚,以免对管道造成破坏;对于两侧同时带有弹簧支吊架的结构,单边可承受该支吊点全部荷载的一半;对于液压阻尼器部件,由于阻尼器抗震工况的特殊性,在阻尼器、动载管部、根部选型时,单边应能承受该支吊点全部荷载的 75%。

限制管道轴向位移的双臂支吊架结构,其设计应计及由于管道和(或)支吊架的位移引起偏心受载,因而在支吊架的任一侧部件应能承受该支吊架的全部荷载。

弹簧支吊架应选用整定式弹簧支吊架。

并联弹簧应有相同的刚度。

弹簧支架的安装高度 H_a 等于弹簧的绝对压缩值 H_j 减去弹簧的予压缩值 H_y,$H_a=H_j-H_y$。

选用恒力弹簧支吊架时,其公称位移量应在计算位移量的基础上留有 20%裕量,且裕量最小为 20mm。计算位移量应计及由于水平位移引起垂直位移的变化。

恒力弹簧支吊架荷载偏差度不应大于 2%,恒力弹簧支吊架在向上及向下位移的整个行程范围内的荷载恒定度不应大于 6%。

为了控制承受动荷载管道的振动可装设减振装置,减振装置不承受管道重力。

减振装置宜选用弹簧减振器。

弹簧减振器对管道产生一个使其恢复到正常位置的作用力,用以限制管道振动或晃动位移。根据具体情况需控制管道不同方向的振动时,可装设几个不同方位的弹簧减振器。

弹簧减振器的最大工作行程,应在弹簧减振器防振力调节量与管道位移引起减振器轴向位移量之和的基础上留 20%的裕量,且裕量最小为 15mm。

如果无法确定弹簧减振器防振力调节量时,弹簧减振器的最大工作行程应在管道位移引起弹簧减振器轴向位移量的基础上留 40%裕量,且裕量最小为 25mm。

弹簧减振器的规格应根据控制管道振动所需的防振力选择。如果无法预先计算防振力，可根据制造厂的推荐按管道直径选择适当的规格，但应选用可调节型弹簧减振器供现场调整减振力。

阻尼器分为液压式和机械式。对于液压式应使用抗燃油。阻尼器可用于需要承受管道地震荷载或冲击荷载，控制管道高速振动位移的场合，阻尼器应能允许管道自由地热胀冷缩，但不承受管道的自重力荷载。

根据需要，阻尼器可选用抗振动阻尼器和承受瞬态力阻尼器。

对于控制管道轴向振动的阻尼器，当沿管道轴向平行安装两台阻尼器时，单台阻尼器的荷载应按该点工作荷载的 70% 进行选用。

阻尼器的行程应大于管道热位移引起的阻尼器轴向位移量，且单侧应至少留有 10mm 的裕量。

阻尼器的型式应与管道动力荷载特性及阻尼要求相适应。

阻尼器的规格应根据管道动力分析得出的动力荷载选用。

承受核电厂常规岛高能管道假想破裂荷载的防甩装置不应影响管系正常的热态和冷态位移。

燃油管道、润滑油管道、氢气管道和氧气管道的支吊架宜采用管夹式结构，不宜采用焊接吊板。

不锈钢管道不应直接与碳钢支吊架管部焊接或接触，宜在不锈钢管道和碳钢支吊架管部之间设不锈钢衬板或非金属隔垫。

支吊架零部件不得采用沸腾钢或铸铁材料。

管道单吊杆吊架的最小吊杆直径见表 1-15。管道吊架螺纹吊杆最大使用荷载见表 1-16。

表 1-15　　　　　　　　管道单吊杆吊架的最小吊杆直径　　　　　　　　mm

管道公称尺寸 DN	最小吊杆直径	管道公称尺寸 DN	最小吊杆直径
8	M10	100	M16
10	M10	125	M16

管道公称尺寸 DN	最小吊杆直径	管道公称尺寸 DN	最小吊杆直径
15	M10	150	M20
20	M10	200	M20
25	M10	250	M20
32	M10	300	M20
40	M10	350	M24
50	M10	400	M24
65	M12	450	M24
80	M12	500	M30
90	M12	600	M30

注　对于双吊杆吊架，吊杆直径可以缩小一档，但最小为 10mm。

表 1-16　　　　　　　　管道吊架螺纹吊杆最大使用荷载

螺纹吊杆公称直径（mm）	螺距（mm）	螺纹根部截面积（mm²）	最大使用荷载（kN）	螺纹吊杆公称直径（mm）	螺距（mm）	螺纹根部截面积（mm²）	最大使用荷载（kN）
M10	1.50	49.49	3.90	M56	4.00	2014	185
M12	1.75	72.40	5.71	M64	4.00	2701	248
M16	2.00	138.3	10.9	M68	4.00	3082	283
M20	2.50	217.0	17.1	M72	4.00	3488	320
M24	3.00	312.7	24.7	M80	4.00	4376	402
M30	3.50	503.0	39.7	M90	4.00	5627	517
M36	4.00	738.0	61.2	M100	4.00	7033	647
M42	4.50	1018	84.4	M110	4.00	8598	791
M48	5.00	1343	123	M125	4.00	11240	1033

注　螺纹吊杆材料可选用 Q235B、Q235C、Q235D、Q345 或 20 钢。Q235B 用于螺纹吊杆的允许直径不应大于 M30；Q235C 和 Q235D 级用于螺纹吊杆的允许直径不应大于 M42。

（五）管道支吊架的设置位置

（1）确定支吊架间距时应使管道荷载合理分布，并应满足管道疏水和管内介质排放的要求，承重支吊架间的距离应不大于支吊架的最大允许间距。

（2）尽量利用已有的土建结构及管廊梁、柱支撑。

（3）在垂直管段弯头附近或在垂直管段重心以上设置承重支吊架，垂直段较长时可在下部增设导向架，当荷载大时，可设弹性支吊架分担荷载。

（4）在集中荷载较大的管道零部件（如三通或阀门）附近设承重支吊架，以减少偏心荷载和弯曲应力。

（5）尽量减少对设备接口的作用力和力矩，如使支吊架靠近设备接口，对接口不产生较大的热胀弯矩。

（6）考虑维修方便在拆卸管段时，最好无须设临时支撑。

（7）支吊架的位置及类型应尽量减小作用力和力矩对生根部件的不良影响。

（8）支吊架应设在弯管和三通的分支管附近，支吊架的布置应使支管连接点和法兰接头处承受的弯矩值，控制在安全的范围内。

（9）应根据应力分析结果调整支吊架位置。

（10）在敏感的设备（泵、压缩机）附近，应设置支吊架，以防止设备管口承受过大的管道荷载。

（11）往复式压缩机的吸入或排出管道以及其他有强烈振动的管道，宜单独设置支架（支架生根于地面的管墩或管架上），避免将振动传递到建筑物上。

（12）除振动管道外，应尽可能利用建（构）筑物的梁柱作为支吊架的生根点，且应考虑生根点所能承受的荷载，生根点的构造应能满足生根件的要求。

（13）对于需要做详细应力分析的管道，应根据应力分析结果调整支吊架位置。

（14）管道支吊架应设在不妨碍管道与设备的连接和检修的部位。支吊架与管道焊缝或法兰之间的距离不得小于150mm。支吊架在螺栓连接节点附近生根时，生根点距节点不小于300mm。

（15）安全泄压装置出口管道应根据需要，考虑是否设置支吊架。

（16）对双拉杆吊架，为防止吊点热位移时两根拉杆受扭，两根拉杆所在平面应设计成与吊点水平合成热位移方向垂直。当安全阀接出管处管道垂直热位移向下时，可以采用减振器吸收安全阀动作时的动荷载，但此类减振器结构复杂，此时可在安全阀附近的管道下方适当距离处设一刚性横担，该横担与其上方管道的距离等于管道上该点的热位移量，当管道在冷态位置时，该横担不承受任何荷载；当管道处于热状态时，管道与横担正好接触，此时该横担的作用相当于刚性支架，安全阀排放反力由该横担承受。

（17）在Π形补偿器的两侧适当位置宜设置导向支架。

（18）为防止管道侧向振动，垂直管道宜设置适当数量的管道侧向约束装置。

（六）管道支吊架的偏装

任何状态下管道吊架吊杆与垂线之间夹角不超过下列值：

（1）刚性吊架吊杆与垂线之间夹角不超过 3°。

（2）弹性吊架吊杆与垂线之间夹角不超过 4°。

（3）由于有时管道支吊点位移偏大，如果不能满足上述规定，应采取措施，如支吊架安装时就需要考虑偏装或加装滚动装置等，支吊架管部只能沿着管道轴向进行偏装；支吊架根部可进行轴向和水平径向偏装。

（4）支吊架根部相对管部在水平面内的计算的偏装值=冷位移（矢量）+1/2 热位移（矢量）。

（七）设置管道固定点应考虑的问题

（1）对于复杂管道可用固定点将其划分成几个形状较为简单的管段，如 L 形管段、U 形管段、Z 形管段等，便于进行管道应力分析计算。

（2）确定管道固定点位置时，应有利于两固定点间管段的自然补偿。

（3）选用Π形补偿器时，宜将其设置在两固定点的中间部位。

（4）固定点宜靠近需要限制管道分支管位移的地方。

（5）固定点应设置在需要承受管道振动、冲击载荷或需要限制管道多方向位移的地方。

（6）作用于管道中固定点的载荷，应考虑其两侧各支吊架的摩擦反力。

（八）设计振动管道支架时应注意的问题

（1）当管内介质温度较高，管道产生热膨胀时，应满足管道柔性分析的要求。

（2）支架最大间距应经过管道振动分析后确定。

（3）支架应采用防振管卡、管夹。

（4）支架和生根部分结构应有足够大的刚度。

（5）支架应尽量沿地面设置。

（6）支架宜设独立基础，尽量避免生根在厂房的梁柱和设备基础上。

（九）压缩机进出口管道支吊架设计要点

（1）往复式压缩机的吸入和排出管道上的管架（或管墩）宜与建（构）筑物及设备基础脱开。不宜在楼板和平台上生根，当设计独立的管架（或管墩）时，第一个支架应靠近压缩机。

（2）往复式压缩机吸入和排出管道支架（或管墩）的高度应尽可能低，便于管道的支承。

（3）往复式压缩机的管道限振管架，宜设在管道集中荷载处、管道转弯、分支以及标高变化处。

（4）由于离心式压缩机吸入和排出管口一般均向下，压缩机机体及管道热膨胀均向下，因此，管道支架宜采用变力弹性支吊架。

（十）与泵连接管道支吊架设置要点

各类泵进出口管口均有荷载限制，支吊架设置时应满足其要求：

（1）在靠近泵的管段上宜设置变力弹簧支吊架。

（2）泵排出管口垂直向上时，在距泵最近转弯处，在泵基础以外的位置设置支架。也可在泵管口正上方的转弯处设置吊架。

（3）对大型泵的高温进出口管道，为减轻泵管口受力而设置的支架，应尽量使支吊点和泵管口之间的相对热伸缩量最小。

（4）泵的水平吸入管道宜在靠近泵的管段上设置可调支架，也可采用吊架或弹簧吊架。

（5）为防止往复泵管道的脉动，应缩短管道支架的间距，尽量采用管卡型支架，不宜采用吊架。

（6）泵的管道为常温时，应在泵管口最近处设固定支架或导向支架。

（7）泵附属小管道尽量成组集中布置，既美观又便于安装维护。

（8）未经泵制造厂许可，不得在泵基座上安装支架。

第二章

管道应力分析的理论基础

　　各种类型管道在国民经济和国防中发挥着重要作用。国家能源动脉（例西气东输管道、跨境及境内的输油、输气管道等）；城市供水、供气、供油、供热管道，消防管网；工矿企业内的工艺管道、物料输送管道、给排水、消防管道、冷热水、采暖管道；大型船舶内的管道，都在生产、生活和国防中起到重要作用。管道系统的安全，影响国家安全和正常生产经营活动，影响人民生活的正常进行，因此必须确保管道系统安全、稳定和可靠运行，管道应力分析的重要性显而易见，而且必须确保管道应力分析的结果正确和合理。

　　工业化进程发展到当代，许多行业的设备装置已趋于定型化，工艺流程已基本成熟。但受制于工厂选址和选型的不同，设备装置的配备和布置各不相同，因此其配管系统的设计和布置是千变万化的，装置、机组的设计、运行（操作）的优劣，就在很大程度上取决于配管系统设计的水平。管道设计的地位就显得越来越重要，其中尤其关键的压力管道的计算也发展成为独立的学科。管道应力分析对能否优化设计、节约材料、节省项目投资、机组（装置）的安全经济运行（操作），越发显现出重大的影响。如果设计不当会引发安全生产事故，其核心原因在于管道缺乏严格准确的管道应力分析计算。管道设计技术的先进与否也同样决定着设计企业在市场竞争的地位，其设计水平也成为衡量一个设计企业能否在激烈的市场竞争中获胜的关键。管道设计的优劣，取决于是否有一个科学的、全面的、准确的管道应力分析成果。

　　管道设计的难点往往在管道应力分析工作中，管道应力分析花费了设计者大量的时间和精力。管道应力分析对于管道安全性、可靠性非常重要，设计者应具有高度的责任心，对管道应力分析工作充分重视，对于管道应力分析中遇到的疑难问题，要以科学认真的态度，仔细分析研究，不应似是而非或想当然，而应切实加以圆满解决，确保管道设计质量。如果没有坚实的理论基础，即使得到了正确的管道应力分析成果，也不能很好地理解吃透，在管道设计中不能正确地利用，也不能保证设计质量。

一、管道荷载

（一）静力荷载

（1）压力荷载：管道内压力和外压力；封闭管道内静态流体受热膨胀产生的压力升高，可设置超压保护装置。管道柔性管件内、外压差产生的推力荷载。

（2）重力荷载：管道自重、介质重量、保温结构重量、部分管道支吊架部件重量等。

（3）临时荷载：管道水压试验、清洗、吹扫的介质重量；管道表面积冰雪重量、积灰重量。开车停车振动。

（4）位移荷载：由温度产生的热胀冷缩位移、端点的附加位移、支撑基础发生沉降产生的位移。

（二）动力荷载

（1）两相流脉动荷载。

（2）瞬间流冲击荷载：安全阀启跳或阀门的快速启闭时的压力冲击。600MW 及以上容量的主蒸汽和再热热段蒸汽管道的汽锤力。

（3）压力脉动荷载：往复式压缩机往复运动所产生的压力脉动。

（4）机械振动荷载：如回转设备的振动。

（5）风荷载：如需计及风荷载，则风荷载和地震荷载无需同时与其他临时性荷载构成组合工况。

（6）地震荷载：地震设防烈度大于等于 8 度，且基本地震加速度大于等于 $0.3g$，应计算地震荷载。如需计及因阀门开、关产生的荷载，则该荷载与地震荷载无需同时与其他临时性荷载构成组合工况。

（三）自限性荷载

自限性荷载是指由于结构变形受约束所产生的荷载，所产生的应力的特征也是有自限性的，当局部屈服和产生少量塑性变形就能使应力降低下来。

自限性荷载主要为管道由热胀冷缩和其他位移受约束而产生的荷载。

（四）非自限性荷载

非自限性荷载是指外力荷载，与变形受约束无关，所产生的应力特征是非自限性的，它始终随所加荷载的增加而增大，超过钢材的屈服极限或持久强度，将会使结构发生塑性破坏或者整体变形。

非自限性荷载主要为管道内压、自重、支吊架反力等。风载、地震、水冲击、安全阀排放反力等也属于这类荷载。

二、管道变形

（一）弹性变形

构件或物体在外力作用产生变形，当外力消失后，能够完全恢复其原有形状，不遗留外力作用过的任何痕迹，这种变形称为弹性变形。

（二）塑性变形

构件或物体在外力作用产生变形，当外力消失后，构件或物体的形状不能复原，即遗留了外力作用下的残余变形，这种变形称为塑性变形。

三、强度理论

通常应用的强度理论有最大主应力强度理论、最大变形强度理论、最大剪应力强度理论和变形能强度理论。

（一）最大主应力强度理论

这一理论假定材料的破坏，只取决于最大主应力，即假定受力横截面上绝对值最大的主应力是最危险的应力，并以此作为多向应力状态下的强度计算准则。它的强度条件式为

$$\sigma_{\max} \leqslant [\sigma]_{\mathrm{j}}$$

式中　$\sigma_{\max}$——最大主应力，MPa；

　　　$[\sigma]_{\mathrm{j}}$——基本许用应力，MPa。

（二）最大变形强度理论

这个强度理论假定最大变形是材料受力横截面上最危险的情况，并以此作为复杂应力状态下的强度准则，它的强度条件为

$$\varepsilon_{max} \leqslant [\varepsilon]$$

式中　　ε_{max}——最大变形，mm；

　　　　$[\varepsilon]$——许用变形，mm。

（三）最大剪应力强度理论

这一强度理论是假定材料的破坏或失效，取决于最大剪应力，按照这一理论最大剪应力等于最大主应力与最小主应力的一半，即

$$\tau_{max} = \frac{1}{2}(\sigma_{max} - \sigma_{min})$$

因此在计算强度时　　　　　$\tau_{max} \leqslant \frac{1}{2}[\sigma]_j$

式中　　τ_{max}——最大剪应力，MPa；

　　　　σ_{min}——最小主应力，MPa。

而横截面危险应力值正好是最大主应力与最小主应力之差，它的强度条件式为

$$\sigma_{max} - \sigma_{min} \leqslant [\sigma]_j$$

（四）变形能强度理论

这一理论假定材料的破坏或者失效取决于该材料单位体积变形所积成的位能值，即取决于数值上等于位能的变形比功，亦即单位体积的变形能达到一个临界数值。

按照这一理论，材料的破坏或失效，不单归于应力或者应变，而是应力与变形的综合。材料过渡到屈服状态，决定于三个主应力的差数的平方，它的强度条件式为

如果　　　　　　　　　　$\sigma_1 > \sigma_2 > \sigma_3$

则　　　　　$(\sigma_1 - \sigma_2)^2 + (\sigma_2 - \sigma_3)^2 + (\sigma_1 - \sigma_3)^2 \leqslant 2[\sigma]_j^2$

综上所述，最大主应力、最大变形强度理论，是考虑断裂强度理论，最大

剪应力、变形能强度理论，是考虑塑性流动的强度理论。在管道设计中，通常采用最大剪应力、变形能强度理论。

四、弹性理论的基本假设

管道系统是弹性体，应用弹性理论进行分析，而弹性理论的基本假设如下：

（一）物体是连续的

物体内部由连续介质组成，因此物体中的应力、应变、位移等量都是连续的，都可以用位置坐标的连续函数来表示。

（二）物体是匀质和各向同性的

物体内部各点及各方向上的组成相同，因此物体各部分的物理性质是相同的。

（三）物体是完全弹性的

物体在外部荷载的作用下引起变形，在外部荷载除去后，物体完全恢复其原来的形状而没有任何残余变形，同时还假定材料服从虎克定律，即应力与应变成正比。

（四）物体的变形是微小的

在外部载荷作用下物体变形而产生的位移，与物体的尺寸相比是很微小的，在微小变形情况下，弹性理论中的微分方程将是线性的。

五、虎克定律

在弹性范围内，材料的应力和应变成正比，为线性关系，这一关系称为虎克定律。

六、泊松比

在弹性范围内，由均匀分布的纵向应力所引起的材料的横向线应变和轴向线应变之比为一常数，而这一常数的绝对值称为泊松比。

七、管道应力分析

（一）管道应力的产生

由于管道输送的介质温度较高或压力较大，以及管道自重（含介质重）等持续荷载、试验时的临时荷载，地震、安全阀排放反力等的偶然荷载的作用下，使管道结构体系产生较大的变形，当变形受到各类约束的限制，就会在相应的管道单元构件中产生相应的应力，该应力值超过管道材料的允许应力，即可导致该管道部件开裂破坏。同时在上述荷载的作用下，将产生相应的端点推力及约束处反力，其值超过允许值时，将导致设备和支吊架的破坏，最终将导致管道结构体系整体破坏。

（二）管道应力分析的目的

（1）满足国家或国际标准规范要求，使管道的应力在标准规范允许的范围内。

（2）提高管道系统设计的安全性、可靠性，使设备管口荷载符合制造厂的要求或公认的标准。

（3）有助优化配管设计，减少不必要的投资。

（4）进行约束反力计算分析，计算作用在管道支吊架上的荷载，为管道的支吊架设计提出准确的条件要求，作为支吊架设计的依据。

（5）进行管道地震等的动力计算。

计算各节点的位移，保证管道系统的刚性和稳定性要求。为了进行运行（操作）碰撞检查而确定管子的位移。

（三）管道设计和应力分析的依据

依据的标准规范应按照管道类别、参数、使用条件和合同要求确定。

（1）《中华人民共和国特种设备安全法》。

（2）《国家特种设备安全监察条例》。

（3）标准规范主要有：

GB 50029《压缩空气站设计规范》；

GB 50074《石油库设计规范》；

GB 50177《制氢站设计规范》；

GB 50251《输气管道工程设计规范》；

GB 50253《输油管道工程设计规范》；

GB 50316《工业金属管道设计规范》；

GB 50709《钢铁企业管道支架设计规范》；

GB 50764《电厂动力管道设计规范》；

GB 3087《低中压锅炉用无缝钢管》；

GB 5310《高压锅炉用无缝钢管》；

GB/T 3091《低压流体输送用焊接钢管》；

GB/T 8163《输送流体用无缝钢管》；

GB/T 9115《对焊钢制管法兰》；

GB/T 9124《钢制管法兰》；

GB/T 17116.1《管道支吊架　第 1 部分：技术规范》；

GB/T 12777《金属波纹管膨胀节通用技术条件》；

GB/T 20801.1—6《压力管道规范　工业管道》；

DL/T 834《火力发电厂汽轮机防进水和冷蒸汽导则》；

DL/T 5054《火力发电厂汽水管道设计规范》；

DL/T 5072《火力发电厂保温油漆设计规程》；

DL/T 5204《发电厂油气管道设计规程》；

DL/T 5366《发电厂汽水管道应力计算技术规程》；

EJ/T 335《轻水堆核电厂假想管道破损事故防护设计准则》；

SH/T 3039《石油化工非埋地管道抗震设计通则》；

SH/T 3041《石油化工管道柔性设计规范》；

SH/T 3073《石油化工管道支吊架设计规范》；

NB/T 47038《恒力弹簧支吊架》；

NB/T 47039《可变弹簧支吊架》；

《火力发电厂汽水管道零件和部件典型设计手册》；

《火力发电厂汽水管道支吊架设计手册》；

ASME B16.5　Pipe flanges and flanged fittings；

ASME B16.9　Factory-Made Wrought Butt Welding Fitting；

ASME B16.10　Face-to Face and End-to-End Dimensions of Valves；

ASME B16.28　Wrought steel butt welding short radius elbows and returns；

ASME B16.34　Valve-Flanged，threaded，and welded End；

ASME B16.47　Large Diameter Steel Flanges NPS 26 Through NPS 60 Metric/Inch Standard；

ASME B31.1　Power Piping；

ASME B31.3　Process Piping；

ASME B36.10　Welded and Seamless Wrought Steel Pipe；

ASME B36.19　Stainless Steel pipe；

ASME TDP-1　Recommended Practices for the Prevention of Water Damage to Steam Turbines Used for Electric Power Generate；

API Std 610　Centrifugal Pumps Petroleum，Petrochemical and　Natural Gas Industries；

API Std 617　Axial and Centrifugal Compressors and Expander-compressors for Petroleum，Chemical and Gas Industry Services；

API Std 618　Reciprocating Compressors for Petroleum，Chemical，and Gas Industry Services；

API Std 619　Rotary Type Positive Displacement Compressors For Petroleum，Petrochemical And Natural Gas Industries；

API Std 674　Positive Displacement Pumps-Reciprocating；

NEMA SM23　Steam Turbines for Mechanical Drive Service；

GB 12348《工业企业厂界环境噪声排放标准》；

GB/T 50087《工业企业噪声控制设计规范》；

the requirements of the World Bank/IFC；

Environmental，Health，and Safety（EHS）Guidelines GENERAL EHS GUIDELINES：ENVIRONMENTAL NOISE MANAGEMENT。

（四）管系划分、坐标系、力学模型的确定原则

（1）在进行管道应力分析时宜按以下原则划分管系：

1）以设备连接点或固定点之间连接的各管段（包括分支管段）构成一个独立的计算管系，每一计算管系中应包括其所有管件和各种约束。

2）如果分支管段的刚度与主管的刚度相差较大时，即主管和支管的刚度比宜大于 10，才可将分支管段划为一计算管系，但应计入主管在分界点处附加给分支管段的准确线位移和角位移，计入分支点处的应力增强系数，该点的应力应验算合格。

（2）坐标系：应采用右旋直角坐标系作为基本坐标系。基本坐标系的原点可任意选择，并宜按计算机程序要求确定。一般 Z 轴宜为垂直向上，X 轴宜为沿主厂房纵向水平方向，Y 轴宜为沿主厂房横向水平方向。

（3）力学模型的确定原则：根据设备布置的原则设备布置定位后，按照管道布置的综合规划及要求，满足工艺流程的要求，在选定的坐标系中，确定管道系统的空间走向和相关尺寸，确保尺寸和方向与实际一致。力学模型的三要素：一是几何尺寸，包括管道长度、管道直径、管道壁厚、保温厚度、管道零部件尺寸等；二是管道物理参数，主要是材料的弹性模量、线膨胀系数、许用应力等；三是设计条件，主要是设计压力、设计温度、安装温度等。

（五）管系结构超静定

在结构分析中，必须考虑超静定，如果分析所取的未知量是节点力，结构分析的方法就是柔度法（即力法）。如所取的未知量是节点位移，结构分析的方法就是刚度法（即位移法）。

超静定指的是，未知量的数目超过能用的静力平衡方程的数目。

（六）管系需要设置节点的位置

（1）管道端点、设备接口点。

（2）管道约束点、支吊点、给定位移点、给定荷载点。

（3）管道三通点或分支点。

（4）管道外力荷载点。

（5）需要了解分析结果的点。

（6）动力分析需增设的点。

（七）管道应力分析的内容

1. 静力分析

（1）一次应力计算：压力荷载、重力荷载（管道自重、管内介质重、保温结构重、部分支吊架零件重等）等持续荷载引起的一次应力计算。要采取措施防止一次应力过大，而使管道产生塑性变形破坏。

（2）二次应力计算：热胀、冷缩、端点附加位移等引起的二次应力计算。要采取措施防止二次应力过大，而使管道疲劳破坏。

（3）支吊架荷载计算：计算支吊架约束产生的反力，即支吊架荷载计算。为支吊架设计提供准确的依据，正确选择支吊架型式，保证支吊架的安全合理使用。

（4）管道对设备推力和力矩的计算：控制管道对设备的推力和力矩水平，满足设备厂商对接口的推力和力矩允许值，防止推力和力矩过大引起设备的损坏，保证设备的安全正常运行。

（5）管道上法兰的受力计算：防止法兰损坏泄漏。

（6）管道位移的计算：选择管道弹簧支吊架，并要防止支吊点位移过大和相邻管道及厂房梁柱等发生碰撞。核电厂常规岛高能管道应根据厂房核安全要求计算管道假想破裂荷载包括管道喷射流冲击荷载和管道甩击荷载。并设置管道防甩装置。

除有特殊要求外地震烈度大于等于 8 度的地区应计入地震荷载的作用，但地震荷载、风荷载和管道假想破裂荷载，可不与其他偶然荷载一同构成组合工况。

2. 动力分析

（1）往复式压缩机（泵）管道气（液）柱固有频率分析，防止气（液）柱共振。

（2）往复式压缩机（泵）管道压力脉动分析，控制压力脉动值，压力越大，要求脉动值越小。

（3）管道固有频率分析，为了防止管道系统共振，改变固有频率。

（4）水锤和冲击荷载作用下管道应力分析，防止管道振动和应力过大。

（5）管道地震动力分析，防止管道地震应力过大。

（6）管道强迫振动响应分析，控制管道振动及应力。

（八）应力分析方法

应力分析是研究应力和应变的理论。

到目前为止，大多数应力分析都是以结构的弹性理论为基础的，同时，也对塑性理论的应用给予充分的重视，采用比较广泛的应力分析方法如下：

1. 弹性分析

它通常是基于在不发生屈服极限的条件下，利用应力与应变间的线性关系（即虎克定律），计算由荷载所引起的应力变化和应变变化，按照弹性分析，应力是限定在材料屈服极限以内，并留有适当的裕度。

严格来说，当应力和应变超过屈服极限以后，材料将进入塑性区，要应用塑性理论表达。但在非蠕变条件下，只要弹塑性材料上的最大应力限定在两倍屈服极限以内，结构将安定进入新的弹性状态，弹性分析仍然是实用的。此外，疲劳是一种可能的破坏形式，在有限的局部屈服区域内，应力和应变也是按弹性分析计算的，甚至在非弹性分析的某些场合，例如蠕变损伤或者应力集中的验算，也仍然用到弹性分析。由此可见，弹性分析非常的重要，它是一切应力分析的基础。

2. 极限分析

极限分析是涉及由于材料屈服而使结构发生塑性流动并达到全塑性状态时的荷载（或压力）的计算，是一个防止过度变形的准则。

致使结构可以在不变荷载下发生塑性流动（连续的变形）并达到全面塑性状态。那么，这个荷载称为极限荷载（或破坏荷载），而其应力分析方法称为极限分析。

3. 安定分析

安定性是指不发生塑性变形的连续循环，如果在少数反复加载之后，变形稳定下来，并且随后的结构除蠕变效应之外表现为弹性的。或者可以说，管道在有限全塑性变形之后能安定在弹性状态。

安定分析适用于高应变低循环疲劳。

4. 疲劳分析

在周期性或者交变的荷载作用下，管道将产生交变应力（或应变）并且将引起材料的疲劳破坏。

管道在使用期间内要经历冷热交变的循环，由于承受冷热交变应力，往往发生疲劳破坏。

发电厂机组的启停次数和大幅度的负荷变动次数一般有限，交变次数不像转动机械那些高，但应变却较大，管道的疲劳属于高应变低循环疲劳。

目前，仅对核电厂非蠕变温度下的管道进行疲劳分析验算，而对一般火力发电厂和其他工厂企业的热力管道则还没有采用严格的疲劳分析。但是，一般热力管道在局部应力集中部分（如三通、弯管处）也需要控制局部应力的影响。因此，采用了简易的疲劳验算方法。在局部应力集中处，计入应力增强系数。

（九）管道系统中常见的振动

当作用在管道系统上的激振力频率等于或接近管道系统的因有频率时，振动系统的振幅会急剧增大，这种现象称为共振。管道设计应防止管道系统发生共振。

往复式压缩机及往复泵管道中可能引发共振的因素有：管道布置出现共振管长，管径设计不当造成流体固有频率与激振频率重叠导致气（液）柱共振，支承型式设置不当，转弯过多等造成管系机械振动固有频率与激振力频率重叠。

要避免发生共振，应使气（液）柱固有频率、管系结构固有频率与激振力频率错开。管道设计时应进行振动分析，合理设置减振器，避开共振管长，尽可能减少弯头，合理设置支架。

在管道系统中常见的振动：

（1）往复式压缩机及往复泵进出口管道的振动。

（2）两相流管道呈柱塞流时的振动。

（3）水锤、汽锤引起的振动。

（4）安全阀排气系统产生的振动。

（5）风荷载、地震荷载引起的振动。

（十）水锤及其产生的原因

由于管道中介质的运动速度因外界原因（如阀门突然关闭或开启，突然停泵等）而发生急剧变化，引起管内介质压力急剧升高和降低的现象称为水锤或水击，水锤发生时，管道发生剧烈振动，水锤压力过大时管道还可能发生爆裂。

管道介质流速突然发生剧烈变化是水锤发生的原因。应避免阀门突然关闭或开启和突然停泵，必要时对重要管道还可采取其他防护措施。

（十一）蠕变和应力松弛

蠕变和应力松弛是金属材料在高温条件下的机械性能。

蠕变是指金属材料在高温和应力同时作用下，应力保持不变，其非弹性变形随时间的延长而缓慢增加的现象。高温、应力、时间是蠕变发生的三要素。蠕变量的大小和蠕变速度的高低，与钢材的工作温度和应力水平有密切关系。应力越大、温度越高，且在高温下停留时间越长，则蠕变越甚。

应力松弛是指高温下各工作的金属构件，在总变形量不变的条件下，其弹性变形随时间的延长不断转变成非弹性变形，从而引起金属中应力逐渐下降并趋于一个稳定值的现象。

蠕变和应力松弛两种现象的实质是相同的，都是高温下随时间发生的非弹性变形的累积过程。所不同的是应力松弛是在总变形量一定的特定条件下一部分弹性变形转化为非弹性变形；而蠕变则是在恒定应力长期作用下直接产生非弹性变形。

（十二）弹性转移

弹性转移一般是指结构刚性大的部分与刚性小的部分串联的情况下，作用于结构两端的热胀应变随着时间的推延而再分布，刚性大的那部分应变变小，而集中到刚性小的那部分去了，使刚性小的那部分应变增大。

尽管热胀应力是属于有限的二次应力，但在弹性转移较大的情况下，由于不产生较大的塑性变形和应力松弛就好像是一次应力的作用一样。因此，在管系设计时，应避免产生弹性转移的情况。

（1）小管径管子与大管径或与刚性较大的管子串联使小管具有较高的应力。

（2）局部缩小断面尺寸或局部采用强度较差的钢材。

（3）管系的布置使大部分的管线靠近零力矩线，而使很小部分偏离它，而又要吸收大部分的热胀应变等。

上面情况尤其是采用延性差的材料时更应注意。若确实不能避免，应采取有效措施，如设置限位支架或进行合理的冷紧等。

（十三）高周疲劳和低周疲劳

高周疲劳是指在荷载循环过程中，材料中的应力始终保持在弹性范围内，达到疲劳破坏时循环次数较高，转动机器的疲劳属于此类。

低周疲劳是指在荷载循环过程中，应力应变变换幅度较大，材料中反复出现正反两个方向的变形，材料在循环次数较低的情况便发生破坏。

管道要防止的破坏主要是低周疲劳破坏。

（十四）应力验算方法

对于内压、自重、静力地震的一次应力验算采用极限分析。

对于按弹性应力计算的一次应力加二次应力范围采用安定分析。至于一次应力、二次应力加峰值应力的交变应力范围，则采用疲劳分析，应用试验得到的疲劳曲线，以查得许用的交变次数，或进行累积疲劳损伤验算。

（十五）管道应力分析成果应满足的要求

（1）管道上各点的一次应力值应满足相应标准规范的要求。

（2）管道上各点的二次应力值应满足相应标准规范的要求。

（3）管道对机器、设备管口的推力和力矩应在设备厂商允许的范围内。

（4）管道对支吊架和土建结构的作用力和力矩应在合理的范围内。

（5）往复机压缩机及往复泵管道的固有频率应避开共振区。

（6）管道的位移量应能满足管道布置的要求。

八、管道柔性设计

管道柔性是反映管道变形难易程度的一个物理概念，表示管道通过自身变形吸收热胀、冷缩和其他位移变形的能力。

（一）管道柔性设计的目的

管道柔性设计的目的是保证管道在设计条件下具有足够的柔性，防止管道因热胀冷缩和端点附加位移，管道支撑设置不当等原因造成下列问题：

（1）管道应力超过许用应力或管道材料疲劳引起管道破坏。

（2）由于变形过大，管道法兰连接处产生泄漏。

（3）管道推力或力矩超过允许值，使与其连接的设备产生过大受力和变形，影响设备正常运行或管口法兰发生泄漏。

（4）管道对支吊架的荷载超过设计要求或安装施工没达到设计要求，引起管道支吊架破坏。

（二）管道柔性设计的应用范围

（1）运行（操作）为高温（大于100℃）或低温（小于-50℃）的管道。

（2）进出加热炉或蒸汽发生器的高温管道。

（3）进出反应器的高温管道。

（4）进出汽轮机（透平）的蒸汽管道及抽汽管道。

（5）进出离心压缩机、往复式压缩机、透平鼓风机的工艺管道。

（6）与离心泵连接的管道，进出离心分离机的工艺管道。

（7）与有受力要求设备接口相接的管道。

（8）压力较大或直径较大的管道。

（9）管道支吊架有特殊受力要求的管道。

（10）具有相当长的直管，如厂区界外的管廊上的管道。

（11）法兰处的泄漏会造成重大危险的管道，如氧气管道、环氧乙烷管道等。

（12）　利用简化方法初步分析计算后，表明需要详细分析计算的管道。

（三）如何进行管道柔性设计

进行管道设计时，应在保证管道具有足够柔性来吸收位移应变的前提下，使管道的长度尽可能短或投资尽可能少。在管道柔性设计中，除考虑管道本身的热胀冷缩外，还应考虑管道端点的附加位移等。设计时，一般采用下列一种或几种措施来增加管道的柔性：

（1）改变管道的走向。

（2）调整支吊架型式和位置，适当选用弹簧支吊架。

（3）选用补偿器，如波形补偿器、套管补偿器或球形补偿器。

（四）管道柔性设计分析结果的内容

（1）输入原始数据。

（2）管道各节点的线位移和角位移。

（3）各约束点（支吊点）的力和力矩。

（4）管道各节点的应力。

（5）管道二次应力最大值的节点号、应力值和许用应力范围值。

（6）弹簧数据表。

（五）管道柔性设计合格的标准

（1）管道上各点的二次应力值应小于许用应力范围。

（2）管道对设备管口的推力和力矩值应在制造厂允许的范围内。

（3）管道的最大位移值应能满足管道布置的要求，不发生碰撞问题。

九、管道元件柔性系数

管系中的弯管等元件，在弯矩作用下，与直管元件相比刚度将降低，其柔性增大，应力也将有所增大。因此，在计算中应考虑其柔性系数及应力增强系数。

（一）光滑弯管和弯头的柔性系数

一般弯曲理论都假设被弯曲的物体的荷载保持不变。在分析研究管道单元的应力状况时，都假定中性轴与管子的对称轴相重合。单元荷载上各点的弯曲应力与距中性轴的距离成正比。

然而，上述假定只适用于直管单元，而不适用于弯管单元，管道壁厚与管道直径之比越小及弯曲半径越小，这样假定就越不适用。

弯管单元轴线在平面的弯矩作用下，其外侧被拉伸，内侧被压缩。弯管单元荷载产生扁平效应。

理论与实践都证明，弯管单元在平面弯矩的作用下，中性轴将在弯曲中心的方向上发生位移，与管道其他尺寸相比，弯曲半径越小，中性轴的位移就越大。在非平面的弯矩作用下，其中心轴也将发生位移。

弯管单元在热膨胀受约束而产生的弯矩作用下，弯管单元荷载发生扁平效应，使其刚性降低，柔性增大。一般用柔性系数来表示这个特性。据此可得出柔性系数的意义。

柔性系数表示弯管相对于直管在承受弯矩时柔性增大的程度。其数值等于在相同变形条件下按一般弯曲理论求出的弯矩与考虑了弯管单元荷载的扁平效应时求出的弯矩的比值。

光滑弯管和弯头的柔性系数

$$K = \frac{1.65}{h}$$

$$h = \frac{S_n R}{r^2} \quad (0.02 \geqslant h \leqslant 1.65)$$

式中　　h——尺寸系数，当 $h > 1.65$ 时，$K=1$；

S_n——连接管的公称壁厚，mm；

R——弯曲半径，mm；

r——连接管的平均半径，mm。

（二）焊接弯管的柔性系数

由若干个扇形节组成的焊接弯管，在特定荷载条件下，与光滑弯管的性态是相似的。但是，在扇形节斜接点处，由于结构不连续而导致更大的局部应力。组成弯管的扇形节越多，越接近光滑弯管的性态，反之，扇形节越少，应力集中越大。

在平面弯矩作用下焊接弯管的柔性的计算，一般假定在焊接弯管中很短的管段与光滑弯管一样，发生均匀扁平效应，大部分变形能将在这一过程中被吸收，也可以用能量分析法计算柔性系数。当计算发生在扇形节接缝处不连续点附近的最大应力时还要考虑斜接面处边缘力的影响，即由均匀扁平分析中得到的应力与局部边缘引起的应力叠加得出。

在非平面弯矩作用下焊接弯管的柔性计算尚没有准确方法。设计中仍采取平面弯矩作用下焊接弯管的柔性系数。

窄间距焊接弯管柔性系数

$$K = \frac{1.52}{h^{5/6}}$$

$$h = \frac{bS_n \cot\theta}{2r^2}$$

式中　b——斜接段在中心线的长度，mm。

宽间距焊接钢管柔性系数同上，只是尺寸系数不同

$$h = \frac{\sin(1+\cot\theta)}{2r}$$

式中　θ——斜接轴线夹角的半角，(°)。

（三）考虑内压影响的弯管单元柔性系数

按如上各式计算的弯管单元柔性系数，没有考虑内压的影响，计算结果偏大，特别是对于大直径薄壁管影响更为显著。因为管单元在内压作用下将会减小其椭圆度，相应的柔性系数和应力增强系数有所降低。

经内压影响修正后的柔性系数

$$K = \frac{R}{1 + 6\frac{P}{E}\left(\frac{r}{S_n}\right)^{7/3}\left(\frac{R}{r}\right)^{1/3}}$$

式中　P——设计内压力，MPa；

　　　E——管材的弹性模数，MPa。

（四）三通的柔性系数

铸钢三通柔性计算中一般将它作为钢件元件，不计其柔性，不验算其应力。

焊制三通和热压三通，将其作为薄壁管件。因其具有一定的柔性同时又因其结构不连续，局部出现应力集中。在弯矩作用下，三通处应力增强，需要验算应力，也要考虑应力增强系数的影响。这类三通的应力增强系数是由疲劳试验得出的，是以三通连接管子尺寸做比较基础来计算三通应力增强的程度，而且在这个系数中已计及三通截面比连接管子加大的影响。因此，相应地也要计算三通的柔性补偿作用。通常，这类三通的柔性按与连接管子的柔性相同来考虑，也就是说，三通段的计算长度采用与连接管子尺寸（直径、壁厚）相同的直管段长度，并取柔性系数 $K=1$。

十、应力增强系数

管道在内压、持续荷载、热膨胀、临时荷载、偶然荷载作用下，在弯管单元、三通、变径管等管件及焊缝等处将产生局部的应力集中。在进行应力计算时，应计入应力增强系数，考虑其应力增大的影响。这些管件上的应力状态是比较复杂的，而且与它们的柔性相关联，用理论公式计算应力增强系数十分困难。目前，工程上都是采用试验得出的公式计算。

弯管单元的应力增强系数是指弯管单元在弯矩作用下的最大弯曲应力和直管受同样弯矩产生的最大弯曲应力的比值。

目前广泛使用的是疲劳应力增强系数，它是根据弯管在承受弯矩荷载交变作用下的疲劳试验归纳出的计算应力增强系数的经验公式。因此，弯管应力增强系数，又可以用在相同弯矩交变作用下的直管疲劳强度与弯管疲劳强度的比值来表示。

各种管件的应力增强系数：对于热压弯头和弯制弯管，平面弯曲的大于非平面弯曲的，对于焊接弯管和热压三通，则是平面弯曲的小于非平面弯曲的，对于加强焊接三通，则是平面弯曲的与非平面弯曲的大体相等。

为了简化及便于保守的估计，无论是平面弯曲还是非平面弯曲，其应力增

强系数 i 都取为

$$i = \frac{0.9}{h^{2/3}}$$

尽管各种管件的应力增强系数都采用上式，但是，尺寸系数各不相同，因此，应力增强系数也不相同。计算时 i 值可能小于 1，此时，计算应力时 i 应取为 1。

管件的应力增强系数取决于尺寸系数的大小，弯管单元的尺寸系数 2.9 节已给出。

三通的尺寸系数，可表明其结构的柔性特性，取决于三通的结构形式和尺寸，一般也可根据疲劳试验的结果推导。

对于锻制三通： $h = \dfrac{4.4 S_n}{r}$。

对于加强三通：

披肩或鞍板加强 $h = \left(S_n + \dfrac{S_r}{2} \right)^{5/2} / \left(r s_n^{3/2} \right)$；

单筋或蝶式加强 $h = \dfrac{3.25 S_n}{r}$；

对于无加强三通： $h = \dfrac{S_n}{r}$；

对于热挤压三通： $h = \left(1 + \dfrac{r_2}{r} \right) \dfrac{S_n}{r}$ 其中，r_2 为过渡区外半径。

上述为等径三通的计算公式。对于异径三通在没有获得足够数据之前，可采用等径三通的数据。

按照计算弯管的应力增强系数，没有考虑内压的影响，一般偏于保守，弯管在内压作用下，将会减少其椭圆度。因此，相应的柔性系数和应力增强系数有所降低。

经内压修正后的应力增强系数

$$i_p = \frac{i}{1 + 3.25 \dfrac{P}{E} \left(\dfrac{r}{S_n} \right)^{5/2} \left(\dfrac{R}{r} \right)^{2/3}}$$

式中　P——设计内压力，MPa；

　　　E——管材的弹性模数，MPa；

　　　r——管子的平均半径，mm；

　　　S_n——管子的公称壁厚，mm；

　　　R——弯管的弯曲半径，mm。

十一、摩擦系数的选取

当管道中各单元因热膨胀等而产生位移时，管道与支撑结构接触处将产生摩擦力。

摩擦系数 μ 取值见表 2-1。

表 2-1　　　　　　　　　　　摩擦系数 μ 取值

序号	摩　擦　形　式	摩擦系数 μ
1	钢与钢滑动摩擦时	0.3
2	钢与钢滚动摩擦时	0.1
3	钢与聚四氟乙烯板滑动摩擦时	0.2
4	不锈钢（镜面）与聚四氟乙烯板滑动摩擦时	0.05～0.07
5	聚四氟乙烯与聚四氟乙烯滑动摩擦时	0.1
6	不锈钢（镜面）薄板之间摩擦时	≤0.1
7	钢与混凝土面滑动摩擦时	0.6
8	吊架	0.1

十二、金属腐蚀

金属腐蚀是一个复杂的过程，由于材料、环境因素及受力状态的差异，金属腐蚀的形式与特征千差万别，所以腐蚀的分类也是各式各样的。按腐蚀原理可分为化学腐蚀和电化学腐蚀；按腐蚀形态可分为全面腐蚀和局部腐蚀；按腐蚀环境的类型可分为大气腐蚀、海水腐蚀、土壤腐蚀、燃气腐蚀、微生物腐蚀等；按腐蚀环境的温度可分为高温腐蚀和常温腐蚀；按腐蚀环境的湿润程度可分为干腐蚀和湿腐蚀。

（一）化学腐蚀

金属的化学腐蚀是指金属和环境介质发生化学作用而引起的变质和损坏现象。化学腐蚀是一种氧化-还原反应过程，也就是腐蚀介质中的氧化剂直接与金属表面的原子相互作用而生成腐蚀产物。在腐蚀过程中，电子的传递是在金属与介质中直接进行的。金属在高温下受蒸汽或气体的作用，发生高温的氧化和脱碳就是常见的化学腐蚀之一。

（1）金属的高温氧化。金属的高温氧化是指金属与环境中的氧化合而生成金属氧化物。大多数金属从室温到高温都有自发氧化的倾向。当钢铁温度高于300℃时，在其表面就出现可见的氧化膜。随着温度的升高，钢铁的氧化速度加快，氧化膜越厚。在570℃以下时，氧化膜结构密实、稳定，附着在钢铁表面不易脱落，从而起到保护膜的作用，此时钢铁的氧化速度也较慢。温度超过570℃时钢铁表面的氧化膜结构变得疏松，易于脱落，不能阻止内部的铁进一步被氧化腐蚀，所以钢铁受热温度愈高或受热时间愈长，则氧化腐蚀愈严重。

（2）钢的脱碳。钢的高温脱碳是指在高温气体作用下，钢的表面除了生成氧化膜外，与氧化膜相连的内层将发生渗碳体减少的现象。脱碳使钢的含碳量减少，大大降低金属表面的硬度、强度、耐磨性和疲劳强度。从而降低钢材的使用寿命。

（二）电化学腐蚀

金属与电解质溶液间产生电化学作用所发生的腐蚀称为电化学腐蚀。它的特点是腐蚀过程中有电流产生。电解质的化学性质、温度与压力等环境因素、金属特性、表面状态及其组织结构和成分的不均匀性、腐蚀产物的物理化学性质等，对腐蚀过程都有很大的影响。电化学腐蚀现象是相当复杂的，如潮湿大气、海水对钢结构的腐蚀，土壤对地下输油、输气管线的腐蚀，以及含酸、含碱、含盐的水溶液等工业介质对金属的腐蚀，都属于电化学腐蚀。电化学腐蚀是一种比化学腐蚀更为普遍、危害更加严重的腐蚀。

（三）腐蚀的破坏形式

（1）均匀腐蚀。均匀腐蚀是指在整个金属表面均匀发生的腐蚀，这是危险性减小的一种腐蚀。因为只要金属具有一定的厚度时，其力学性能因腐蚀引起的改变并不大。均匀腐蚀容易观察和测量，设计时可根据材料的耐腐蚀性能和寿命的要求，预留足够的腐蚀余量，以保证其使用的安全性。根据使用条件，选用合适的材料或保护覆盖层、使用缓蚀剂及采用电化学保护措施，均可有效地控制金属的均匀腐蚀。

（2）局部腐蚀。局部腐蚀只发生在金属表面上的局部地方，因为整个设备或管道的强度取决于最薄弱的断面，而局部腐蚀造成的局部强度大大降低，常常酿成整个设备或管道的失效。这种腐蚀在没有先兆的情况下导致设备或管道的突发性破坏，因此这种腐蚀是很危险的。

1）点腐蚀。点腐蚀是纯金属在含有活性离子的介质中发生的一种局部腐蚀。在金属表面局部地方出现向深处发展的腐蚀小孔，而其余地方不被腐蚀或者只有轻微的腐蚀，这种腐蚀形态称为点腐蚀或小孔腐蚀，简称点蚀或孔蚀。点蚀是一种常见的局部腐蚀，它会导致设备或管道的穿孔、泄漏物料、污染环境，容易引发事故。

2）缝隙腐蚀。金属之间形成很小的缝隙（一般宽度小于 0.1mm）时，缝隙内腐蚀介质处于静滞状态，这样就加快了缝隙内金属的腐蚀，这种局部腐蚀称为缝隙腐蚀。

3）晶间腐蚀。晶间腐蚀是指金属或合金的晶粒边界受到腐蚀破坏的现象。金属是由许多晶粒组成的，晶粒与晶粒之间称为晶间或晶界。当晶界或其临界区域产生局部腐蚀，而晶粒的腐蚀相对很小时，这种局部腐蚀形态就是晶间腐蚀。晶间腐蚀沿晶粒边界发展，破坏了晶粒间的连续性，因而使材料的机械强度和塑性剧烈降低。而且这种腐蚀不易检查，易造成突发性事故，危害极大。

4）细菌腐蚀。细菌腐蚀是指介质中存在着某些微生物而使金属的腐蚀过程加速的现象称为微生物腐蚀，也简称细菌腐蚀。微生物可以在许多环境中生存，因此微生物腐蚀现象十分普遍。如循环水系统的金属设备和管道、地下管道等的腐蚀过程往往都与这些微生物的活动有关。

（四）腐蚀的防止和减缓的措施

为了防止设备和管道被腐蚀，除了选用合适的耐腐蚀材料制造外，还可以采用多种防腐措施进行防腐。

（1）衬覆保护层。在金属表面生成一保护性覆盖层，使金属与腐蚀介质隔开，是防止金属腐蚀普遍采用的方法。保护性覆盖层分为金属覆盖层和非金属覆盖层两大类。

1）金属覆盖层。用耐腐蚀性较强的金属覆盖在耐腐蚀性较弱的金属表面，形成金属保护层，这种方法称为金属覆盖层保护法。常见的有电镀法（镀铬、镀镍）、喷镀法、渗镀法、热镀法（镀铝、镀锌）及衬不锈钢材等。

2）非金属覆盖层。用有机或无机物质制成的覆盖层称为非金属覆盖层，常用的有金属设备或管道内部衬以非金属衬里和涂防腐涂料，如橡胶衬里和塑料衬里。为了防止金属的大气腐蚀，在金属外表面涂加防腐涂料，如防锈漆、底漆、大漆、酚醛树脂漆、环氧树脂漆以及某些塑料涂料，如乙烯涂料、聚氯乙烯涂料等。在50℃环境下，将硬塑料覆盖于金属表面，与腐蚀介质隔开防止金属被腐蚀。

（2）电化学保护。根据金属腐蚀的电化学原理，如果把处于电解质溶液中的某些金属的电位提高，使金属钝化，人为地使金属表面生成难溶的而致密的氧化膜，即可降低金属的腐蚀速度；同样如果使某些金属的电位降低，使金属难于失去电子，也可大大降低金属的腐蚀速度，甚至使金属的腐蚀完全停止。这种通过改变金属—电解质的电极电位来控制金属腐蚀的方法称为电化学保护，分为阴极保护和阳极保护两种。

1）阴极保护。阴极保护是通过外加电流使被保护的金属阴极极化，以控制金属腐蚀的方法，可分为外加电流法和牺牲阳极法。阴极保护法用来防止在海水或河水中的金属设备和管道的腐蚀非常有效，主要应用在石油、化工生产中受海水腐蚀的冷却设备和输送管道上等。外加电流法是把被保护的金属与直流电源的负极相连，电源的正极和一个辅助阳极相连。牺牲阳极法是在被保护的金属上连接一块电位更负的金属作为牺牲阳极。由于外接的牺牲阳极的电位比被保护的金属更负，更容易失去电子，因而成为待牺牲的阳极，从而使金属设备或管道得到保护。

2）阳极保护。阳极保护是把被保护设备或管道与外加的直流电源的阳极相连，在一定的电解质溶液中，把金属的阳极极化到一定电位，使金属表面生成钝化膜，从而降低金属的腐蚀作用，使设备或管道受到保护。阳极保护只有当金属在介质中能钝化时才能应用，否则，阳极极化会加速金属的阳极溶解，阳极保护应用时受条件限制较多，且技术复杂，实际应用不多。

（3）缓蚀剂。在对金属进行防腐处理时还可以通过改变介质的性质，降低或消除对金属的腐蚀作用，如加入能减缓腐蚀速度的物质——缓蚀剂。防止大气腐蚀所用的缓蚀剂有油溶性缓蚀剂、气相缓蚀剂和水溶性缓蚀剂等。气相缓蚀剂可挥发，会充满包装容器，沉积在金属表面上，阻止腐蚀过程的进行。水溶性缓蚀剂主要用于防锈水中，即把零件喷涂或浸泡在含有缓蚀剂的水溶液中以防止金属生锈。

（4）控制环境。

1）充氮封存。将金属产品封存在金属或非金属容器中，经抽真空后充入干燥纯净的氮气，利用干燥剂使容器内相对湿度保持在40%以下，因无水分和氧，则金属不会生锈。

2）采用吸氧剂。在密封容器内控制一定的湿度和露点，以除去大气中的氧，无氧则金属就不会生锈。

3）干燥空气封存。干燥空气封存也称为控制相对湿度法，其基本依据是在相对湿度不超过35%的洁净空气中金属不会生锈，非金属不会发霉。因此，必须在密封性好的容器内充以干燥空气或用干燥剂降低包装容器内的湿度，造成比较干燥的环境。

（五）应力腐蚀

应力腐蚀是指金属材料在拉应力和特定腐蚀介质的共同作用下所引起的腐蚀。材料应力集中的部位在腐蚀过程中，先出现微裂纹，然后再扩展为宏观裂纹，微裂纹一旦形成，其扩展速度比较快，然后发生破裂。

应力腐蚀所引起的破坏往往没有明显的预兆而突然发生脆性断裂，是危害性最大的一种腐蚀，应力腐蚀断裂是腐蚀性介质容器、管道发生爆裂的主要原因之一。

1. 应力腐蚀的条件

拉应力和腐蚀介质的共同作用是引起应力腐蚀的条件，破裂则是腐蚀发展的结果。拉应力和腐蚀介质互相配合对腐蚀起促进作用，单纯有腐蚀介质而没有拉应力，或没有腐蚀介质，单纯有拉应力作用都不会导致材料的破裂。

（1）只有拉应力才能引起应力腐蚀，而压应力不会产生应力腐蚀，反而会减轻或阻止应力腐蚀；

拉应力主要有如下几种：

1）残余内应力：主要是金属材料在冶炼、制造过程或部件组装过程中产生的应力。

2）外应力：容器、管道在运行中所承受的应力。例如容器、管道在一定压力下运行产生的应力、内外壁温度差、反复加热和冷却产生的应力等。

（2）特定腐蚀介质。引起材料发生应力腐蚀的介质是特定的，不是任意的。即是一定的材料和特定的腐蚀介质的组合，才能发生应力腐蚀断裂。

影响应力腐蚀的因素主要有：内因是包括金属的元素组成、组织结构。外因包括腐蚀介质的种类、浓度和温度等。

金属的应力腐蚀是脆性断裂过程，裂纹在腐蚀介质环境下随着拉应力的加大，不断扩展。图 2-1 表明，在外加拉应力小、曲线与时间近于平行时，说明应力对破裂时间影响不大。通常应力越大，材料发生开裂的时间越短，材料发生断裂的最小应力值，称为临界应力。不同

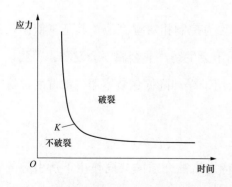

图 2-1　外加拉应力和时间的关系

材料的临界应力值不同。

一般来讲，纯金属不发生应力腐蚀断裂，随着杂质的增加，应力腐蚀的敏感性加大，晶粒粗大的材料腐蚀敏感性大。中碳钢的腐蚀敏感性通常随碳含量的变化而改变。以碳含量为 0.12%时最敏感，碳含量增加或减少，敏感性下降。

在不锈钢中加入适量 Ni、Al、Si 有利于提高其抗应力腐蚀性能。对钛合金降低它的含氧量和含铝量，同时加入适量的 Nb、Ta、V 亦有利提高钢的抗应力腐蚀性能。

材料只有在特定的腐蚀介质情况下，才能发生腐蚀断裂，见表 2-2。

表 2-2　　　　发生应力腐蚀的金属材料与介质的组合

金属或合金	腐　蚀　介　质
软钢（低碳钢）	氢氧化钠、硝酸盐溶液、（硅酸钠+硝酸钠）溶液
碳钢，低合金钢	42%$MgCl_2$溶液、氢氰酸、H_2S 溶液、醋酸水溶液、海洋大气、浓硝酸
高铬钢	NaClO 溶液、海水、H_2S 溶液
奥氏体不锈钢	氯化物溶液、Cl^-、海水、H_2S、高温高压蒸馏水
铜和铜合金	氨蒸汽、汞盐溶液、含 SO_2 大气
铝合金	熔融 NaCl、NaCl 水溶液、海水、水蒸气、含 SO_2 大气
镁合金	海洋大气、蒸馏水、$KCl-K_2CrO_4$ 溶液
钛和钛合金	红烟硝酸、HCl、Cl^-水溶液、固体氯化物（>290℃）、海水

不同金属在一定介质中，引起应力腐蚀所需的温度也不同，镁合金通常在室温下便产生应力腐蚀，软钢一般要在介质的沸腾温度下破裂，但大多数金属都是在低于 100℃的温度下产生应力腐蚀的，发生金属破裂的最小温度，称为破裂临界温度。

（3）pH 值。随着介质 pH 值的减小，H^+浓度的增加，应力腐蚀发生的概率也会增加，在脱硫工艺中，其介质中含有 H_2S、CO_2 等，CO_2 一旦溶于水就形成碳酸，释放出 H^+ 离子，降低含酸性环境的 pH 值从而增大应力腐蚀的敏感性。

2. 应力腐蚀的特征

金属在无缺陷的情况下，应力腐蚀断裂分三个阶段：

（1）萌生阶段，即由于腐蚀引起裂纹或蚀坑的阶段。

（2）裂纹扩展阶段，即由裂纹或蚀坑到达极限应力值的阶段。

（3）失稳断裂阶段。

3. 应力腐蚀破裂

应力腐蚀破裂是金属在应力（拉应力）和腐蚀性介质的共同作用下所引起的破裂。应力腐蚀现象比较复杂，当应力不存在时，腐蚀裂纹发展缓慢，以至在材料寿命期内不发生开裂，当有应力并达到一定的水平后，金属会在腐蚀并不严重的情况下发生破裂，由于这样的破裂是脆性的，没有明显预兆，容易造成灾难性事故。

工程上防止应力腐蚀开裂的措施主要有：①降低应力水平，避免或减少应力集中，消除加工残余应力和焊接残余应力；②控制敏感环境，例如加入缓蚀剂，升高介质的 pH 值，采取电化学保护等措施；③正确选用管道材质，力求避免易产生应力腐蚀开裂的材料—环境组合。

4. 应力腐蚀的控制

控制应力腐蚀的途径，可从内因入手，合理选材；也可从外因入手，控制应力水平，控制介质浓度等。

在许多工艺中，工况环境是无法改变的，就要根据环境中各种腐蚀因子的条件选择合适的材料。

碳钢对应力腐蚀的敏感性低，可算作是耐 SCC（应力腐蚀）的常用材料。在不锈钢中，铁素体-奥氏体双相钢的抗 SCC 性能最好。

（1）控制应力。在设计和制造中，尽量使材料应力分布均匀，避免局部应力集中。例如不等壁厚的连接应采用缓过渡连接，对容器或管道的开孔和焊缝应避免可能产生的拉应力处。

通过热处理消除残余应力。容器或管道焊接时焊缝的热影响区存在着焊接残余应力，当这种应力大于临界应力时，且在特定的腐蚀环境中很容易出现应力腐蚀，因此应在焊前进行热处理，在焊后进行退火热处理，以消除残余应力。

（2）减弱介质的浸蚀性。在可能的情况下，采取措施如降低介质浓度，增大介质 pH 值，或控制工作温度等方法以阻止腐蚀产生。

（3）其他防护措施。

1）涂料防护。涂刷一些耐腐蚀涂料对金属材料进行防护，使介质不能和金属表面直接接触，可以避免金属的腐蚀。

2）衬里防护。对于某些腐蚀性介质，若没有合适的耐蚀金属材料或材料特别昂贵，可采用衬里防腐。一般容器、管道的衬里有不锈钢、钛、橡胶、玻璃钢、聚四氟乙烯、搪玻璃等。

3）阴极保护。采用外加电流的阴极保护或牺牲阳极阴极保护的方法可以防止应力腐蚀，而且，在裂纹形成后可使其停止扩展。

4）添加缓蚀剂进行处理。在条件允许的情况下，添加缓蚀剂、抗垢剂减轻或抑制腐蚀，从而提高容器、管道的抗腐蚀性能。

应力腐蚀对容纳腐蚀介质的容器、管道的安全运行危害极大，造成的事故是灾难性的，应引起高度重视，只有对腐蚀形态进行分析、研究、搞清应力腐蚀破坏原因，并采取有效的防腐措施，才能减缓和抑制应力腐蚀破坏，确保容器、管道的安全正常运行。

　　在结构分析中，必须考虑结构超静定，如果分析所取的未知量是节点力，结构分析的方法就是柔度法（即力法）。如所取未知量是节点位移，结构分析的方法就是刚度法（即位移法）。

　　柔度法和刚度法是结构分析中常用的基本方法，而叠加原理是结构分析的柔度法和刚度法的基础，是结构分析中最重要的原理之一。叠加原理可表述为：将各个原因所产生的各个后果叠加起来，便可得到这些原因所产生的综合结果。

　　只要结构中的作用力和位移之间存在线性关系，叠加原理就能适用，而要满足下列三个条件：

　　（1）结构的材料符合虎克定律。

　　（2）结构的位移很小。

　　（3）在杆件内，轴向影响与弯曲影响没有相互作用，作用力与位移之间存在线性关系。

　　柔度法和刚度法建立的运动方程在所反映的各量值之间的关系上是完全一致的。由于柔度矩阵与刚度矩阵互逆，柔度法建立的运动方程可转化为刚度法建立的运动方程。一般来说，对单自由度体系，求柔度系数和求刚度系数的难易程度是相同的，因为它们互为倒数。但对于超静定结构，就要根据具体情况而定。若仅从建立运动方程来看，当柔度系数容易求时用柔度法，刚度系数容易求时用刚度法。两种方法的适用条件见表 3-1。

表 3-1　　　　　　　　　　　两种方法的适用条件

超静定	手算	计算机计算
低	可	刚度法

续表

超静定	手算	计算机计算
低	柔度法	刚度法
高	刚度法	刚度法

对于编制计算机程序而言，刚度法比柔度法更为适宜。因此，一般结构分析的方法采用的为刚度法，即有限单元法。

编制一个有效的管道结构分析程序涉及材料力学、结构力学、弹塑性力学、有限单元理论等，要求编制者不仅要掌握结构分析的基本理论，矩阵分析的计算原理，而且要熟悉数值计算方法以及程序设计所使用的语言和程序设计方法。

采用计算机进行管道结构矩阵分析的主要步骤如下：

（1）原始数据，要知道管道结构的几何尺寸，材料性能以及离散化后的节点编号与坐标，未知量编号，单元编号与单元连接节点，单元定位向量。

（2）形成各个单元刚度矩阵，并变换到整体坐标系。

（3）装配成管道结构刚度矩阵 **K**。

（4）装配成荷载列向量 **P**。

（5）边界处理。

（6）求解管道结构刚度方程 **KΔ=P**，得到节点位移向量 **Δ**。

（7）求节点力和管道单元内力。

（8）计算支吊架荷载和管端推力。

（9）计算管单元各分点应力和应力验算。

一、力和位移的关系

图 3-1　一段管道单元

一段管道单元，假定某一端固定，一端释放，如图 3-1 所示。

可以写出其释放端的刚度矩阵方程

$$\begin{bmatrix} F_{bx} \\ F_{by} \\ F_{bz} \\ M_{bx} \\ M_{by} \\ M_{bz} \end{bmatrix} = \begin{bmatrix} K_{11} & K_{12} & K_{13} & K_{14} & K_{15} & K_{16} \\ K_{21} & K_{22} & K_{23} & K_{24} & K_{25} & K_{26} \\ K_{31} & K_{32} & K_{33} & K_{34} & K_{35} & K_{36} \\ K_{41} & K_{42} & K_{43} & K_{44} & K_{45} & K_{46} \\ K_{51} & K_{52} & K_{53} & K_{54} & K_{55} & K_{56} \\ K_{61} & K_{62} & K_{63} & K_{64} & K_{65} & K_{66} \end{bmatrix} \begin{bmatrix} \Delta_{bx} \\ \Delta_{by} \\ \Delta_{bz} \\ \theta_{bx} \\ \theta_{by} \\ \theta_{bz} \end{bmatrix} \qquad (3\text{-}1)$$

或者写成

$$\boldsymbol{F}_b = \boldsymbol{K}\boldsymbol{\Delta}_b \qquad (3\text{-}2)$$

$\boldsymbol{K}$ 中每一行元素表示节点位移 $\boldsymbol{\Delta}_b$ 中六个分量分别发生单位位移时，引起节点力 $\boldsymbol{F}_b$ 某一分量的值。每一列的元素均表示节点位移 $\boldsymbol{\Delta}_b$ 中的某一分量发生单位位移时引起节点力 $\boldsymbol{F}_b$ 中六个分量的值。因此 $\boldsymbol{K}$ 称为节点 b 的刚度矩阵。$\boldsymbol{K}$ 中任一元素 $\boldsymbol{K}_{ij}$ 则表示节点位移几何量中第 j 分量（即第 j 列）发生单位位移时，引起节点力向量中第 i 分量（即第 i 行）的值。

二、力和位移的转移与坐标变换

图 3-1 所示的管道单元上任一点的位移和力可按静力平衡等价地转移至另一点。例如：将末端位移转移至始端就有

$$\Delta_{bx} = -\Delta_{ax} + z\theta_{ay} - y\theta_{az}$$
$$\Delta_{by} = -\Delta_{ay} - z\theta_{ax} + x\theta_{az}$$
$$\Delta_{bz} = -\Delta_{az} + y\theta_{ax} - x\theta_{ay}$$
$$\theta_{bx} = -\theta_{ax}$$
$$\theta_{by} = -\theta_{ay}$$
$$\theta_{bz} = -\theta_{az}$$

或写成

$$\boldsymbol{\Delta}_b = -\boldsymbol{SC}\boldsymbol{\Delta}_a \qquad (3\text{-}3)$$

其中

$$\boldsymbol{SC} = \begin{bmatrix} 1 & 0 & 0 & 0 & z & -y \\ 0 & 1 & 0 & -z & 0 & x \\ 0 & 0 & 1 & y & -x & 0 \\ 0 & 0 & 0 & 1 & 0 & 0 \\ 0 & 0 & 0 & 0 & 1 & 0 \\ 0 & 0 & 0 & 0 & 0 & 1 \end{bmatrix} \qquad (3\text{-}4)$$

而 $$P_a = -SC^T P_b$$

在静力计算中常常要把单元坐标系中的结果变换到总体坐标系中去，或者把总体坐标系中的结果变换到单元坐标系中去。

坐标变换：

设有单元坐标系（$x'y'z'$）和总体坐标系（$x\,y\,z$）。两坐标系如图 3-2 所示。

x' 与 x 轴间的夹角用（x', x）表示，约定取 x' 轴和 x 轴正向夹角按右手坐标系取，因而有

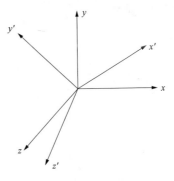

图 3-2 单元坐标系和总体坐标系

$$R = \begin{bmatrix} \cos(x',x) & \cos(x',y) & \cos(x',z) \\ \cos(y',y) & \cos(y',y) & \cos(y',z) \\ \cos(z',z) & \cos(z',y) & \cos(z',z) \end{bmatrix} \tag{3-5}$$

R 就是两个坐标系中向量的变换矩阵。对于空间管系每个管道单元的节点有六个自由度，因而其单元旋转变换矩阵为

$$ROT = \begin{bmatrix} R & 0 \\ 0 & R \end{bmatrix} \tag{3-6}$$

设 $$R = \begin{pmatrix} R_x & R_y & R_z \end{pmatrix}$$

$$R_x = \begin{bmatrix} \cos(x',x) \\ \cos(y',x) \\ \cos(z',x) \end{bmatrix} \quad R_y = \begin{bmatrix} \cos(x',y) \\ \cos(y',y) \\ \cos(z',y) \end{bmatrix} \quad R_z = \begin{bmatrix} \cos(x',z) \\ \cos(y',z) \\ \cos(z',z) \end{bmatrix}$$

直管元件坐标系按图 3-3 的方式建立。

其中，x' 轴与直管元件走向一致，y' 轴垂直于 z'-x' 平面，z' 轴垂直于 x'-y' 平面。

从而 $$R_x = \begin{bmatrix} x \\ y \\ z \end{bmatrix} L^{-1} \tag{3-7}$$

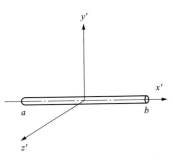

图 3-3 直管元件坐标系

设单位向量 $$R_I = \begin{bmatrix} 1 \\ 0 \\ 0 \end{bmatrix}$$

则

$$R_y = \frac{R_x \times R_l}{|R_x \times R_l|}$$ （3-8）

$$R_z = R_y \times R_x$$ （3-9）

对于弯管单元，单元坐标系如图3-4所示。

其中，x'轴与弯管单元由始向末的弦走向一致且切于圆弧，y'轴在x'与弦构成的平面上且垂直于x'轴，z'轴垂直于x'-y'平面。

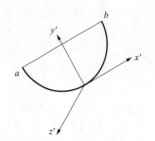

$$R_x = \begin{bmatrix} x \\ y \\ z \end{bmatrix} L^{-1}$$ （3-10）

图3-4 弯管单元坐标系

$$R_z = \frac{R_x \times R_{xq}}{|R_x \times R_{xq}|}$$ （3-11）

$$R_y = R_x \times R_z$$ （3-12）

式中 R_{xq}——前元件在单元坐标系下的R_x。

一向量V由单元坐标系向总体坐标系旋转为

$$V = \text{ROT } V'$$ （3-13）

其逆变换为

$$V = \text{ROT}^T V'$$ （3-14）

三、管道单元刚度矩阵及其变换

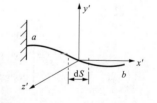

如图3-5所示，管道单元上任一点S上的作用力为F_x、F_y、F_z、M_x、M_y、M_z。

在S处取一段$\mathrm{d}S$，$\mathrm{d}S$处的变形能U可写为

图3-5 管道单元坐标系

$$U = \frac{1}{2}\left(\frac{1}{EA}F_x^2 + \frac{\mu}{GA}F_y^2 + \frac{\mu}{GA}F_z^2 + \frac{1}{GI_\rho}M_x^2 + \frac{K}{EI}M_y^2 + \frac{K}{EI}M_z^2 \right)\mathrm{d}S$$ （3-15）

式中 E——弹性模量；

G——剪切弹性模量；

A——单元截面积；

I——截面惯性矩；

I_ρ——截面对其形心的极惯性矩；

K ——柔性系数;

M ——截面形状系数,圆管一般可取为 2。

也可由式求得

$$\mu = \frac{2}{3} + \frac{2}{9(1+\beta^2)^2}\left\{2+7\beta^2+\frac{8\beta^2}{\pi}[2\arcsin\beta+\sin 2(\arcsin\beta)]-\frac{4}{\pi}[\arcsin\beta-4\sin 4(4\arcsin\beta)]\right\}$$

其中,$\beta = \frac{\gamma_1}{\gamma_2}$,$\gamma_1$,$\gamma_2$ 分别为管道单元的内外半径。

变形能又进一步整理为

$$U = \frac{1}{2EI}(a_1 F_x^2 + a_2 F_y^2 + a_2 F_z^2 + b_1 M_x^2 + b_2 M_y^2 + b_2 M_z^2)\mathrm{d}S$$

管道单元的泊松比 $\gamma = 0.3$,则

$$a_1 = \frac{\gamma_1^2 + \gamma_2^2}{4} \qquad a_2 = 2.6\mu a_1$$

$$b_1 = 1.3 \qquad b_2 = K$$

设

$$\boldsymbol{F} = \begin{bmatrix} F_x \\ F_y \\ F_z \\ M_x \\ M_y \\ M_z \end{bmatrix} \boldsymbol{D} = \begin{bmatrix} a_1 & 0 & 0 & 0 & 0 & 0 \\ 0 & a_2 & 0 & 0 & 0 & 0 \\ 0 & 0 & a_2 & 0 & 0 & 0 \\ 0 & 0 & 0 & b_1 & 0 & 0 \\ 0 & 0 & 0 & 0 & b_2 & 0 \\ 0 & 0 & 0 & 0 & 0 & b_2 \end{bmatrix}\frac{\mathrm{d}S}{EI} \tag{3-16}$$

则

$$U = \frac{1}{2}(F\,D\,F) \tag{3-17}$$

根据卡式定理,对式(3-17)微分就得到了微段 S 处的位移

$$\Delta = \frac{\delta U}{\delta F} = DF \tag{3-18}$$

或写为

$$\begin{bmatrix} \Delta_x \\ \Delta_y \\ \Delta_z \\ \theta_x \\ \theta_y \\ \theta_z \end{bmatrix} = \frac{\mathrm{d}S}{EI}\begin{bmatrix} a_1 & 0 & 0 & 0 & 0 & 0 \\ 0 & a_2 & 0 & 0 & 0 & 0 \\ 0 & 0 & a_2 & 0 & 0 & 0 \\ 0 & 0 & 0 & b_1 & 0 & 0 \\ 0 & 0 & 0 & 0 & b_2 & 0 \\ 0 & 0 & 0 & 0 & 0 & b_2 \end{bmatrix}\begin{bmatrix} F_x \\ F_y \\ F_z \\ M_x \\ M_y \\ M_z \end{bmatrix} \tag{3-19}$$

称 D 为任意管道单元微段柔度矩阵，将其在单元坐标系下，按管道单元形状曲线进行积分，就可得到直管单元，圆弧弯管单元及其他曲线单元的柔度矩阵

$$F_{bb} = \int_0^l \left(\frac{D}{\mathrm{d}S}\right)\mathrm{d}S \qquad (3\text{-}20)$$

这里 F_{bb} 称为单元 ab 关于 b 点的柔度矩阵。

将其求得的柔矩阵求逆，就得到了不同形状单元在 b 点的刚度矩阵。

$$K_{bb} = F_{bb}^{-1} \qquad (3\text{-}21)$$

ab 单元的单元刚度矩阵可分块为

$$\begin{bmatrix} K_{aa} & K_{ab} \\ K_{ba} & K_{bb} \end{bmatrix} \begin{bmatrix} \Delta_a \\ \Delta_b \end{bmatrix} = \begin{bmatrix} P_a \\ P_b \end{bmatrix} \qquad (3\text{-}22)$$

其中，带下标的 K 均为 6×6 矩阵；Δ_a、Δ_b、P_a、P_b 均为 6×1 向量，分别代表节点 a、b 的位移和外力。

若令 $\Delta_a = 0$，即 a 端固定，则有

$$K_{bb}\Delta_b = P_b$$
$$K_{ab}\Delta_b = P_a$$

P_a、P_b 必须符合静力平衡，因此

$$P_a = -SC^T P_b$$

代入 $\qquad\qquad K_{ab}\Delta_b = -SC^T P_b$

因而 $\qquad\qquad K_{ab} = -SC^T K_{bb} \qquad (3\text{-}23)$

类似的又有 $\qquad K_{ba} = -K_{bb}SC \qquad (3\text{-}24)$

由互逆定理又有 $\qquad K_{aa} = -SC^T K_{bb}SC \qquad (3\text{-}25)$

则可写出

$$K = \begin{bmatrix} -SC^T K_{bb}SC & -SC^T K_{bb} \\ -K_{bb}SC & K_{bb} \end{bmatrix} \qquad (3\text{-}26)$$

因而只需要求出节点 b 的刚度矩阵就可得出单元 ab 的单元刚度矩阵。

四、管道单元的末端节点刚度矩阵、温差力矩阵及均布荷载矩阵

（一）直管单元

设：

$$W_1 = a_2 + \frac{L_2}{12}$$

$$W_2 = \frac{a_2}{L} + \frac{1}{3}$$

则末端节点刚度矩阵形式为

$$\boldsymbol{K} = \begin{bmatrix} \dfrac{1}{a_1L} & 0 & 0 & 0 & 0 & 0 \\[2ex] 0 & \dfrac{1}{W_1L} & 0 & 0 & 0 & -\dfrac{1}{2W_1} \\[2ex] 0 & 0 & \dfrac{1}{W_1L} & 0 & \dfrac{1}{2W_1} & 0 \\[2ex] 0 & 0 & 0 & \dfrac{1}{b_1L} & 0 & 0 \\[2ex] 0 & 0 & \dfrac{1}{2W_1} & 0 & \dfrac{W_2}{W_1} & 0 \\[2ex] 0 & -\dfrac{1}{2W_1} & 0 & 0 & 0 & \dfrac{W_2}{W_1} \end{bmatrix} \tag{3-27}$$

末端节点的温差力 F_{Tb} 和直管重力 F_{Wb} 为

$$F_{Tb} = K_{bb}\alpha\Delta t$$
$$F_{Wb} = \boldsymbol{G}_{bb}\boldsymbol{GW}$$

其中

$$\boldsymbol{G}_{bb} = \begin{bmatrix} \dfrac{L}{2} & 0 & 0 \\[2ex] 0 & \dfrac{L}{2} & 0 \\[2ex] 0 & 0 & \dfrac{L}{2} \\[2ex] 0 & 0 & 0 \\[2ex] 0 & 0 & \dfrac{L^2}{12} \\[2ex] 0 & -\dfrac{L^2}{12} & 0 \end{bmatrix} \qquad \boldsymbol{GW} = \begin{bmatrix} GW_x \\[1ex] GW_y \\[1ex] GW_z \end{bmatrix} \tag{3-28}$$

（二）弯管单元

对弯管单元，如果采用记号

$$\varPsi_1 = \varPsi + \sin\psi$$

$$\varPsi_2 = \varPsi - \sin\psi$$

$$\varPsi_3 = \frac{1}{2}(\varPsi \cos\psi - \sin\psi)$$

$$\varPsi_5 = \frac{1}{2}(\varPsi - \sin\psi \cos\psi)$$

$$\varPsi_6 = 2\sin\frac{\psi}{2} - \varPsi \cos\frac{\psi}{2}$$

$$\varPsi_4 = -\varPsi_6 \sin\frac{\psi}{2}$$

$$\varPsi_7 = \varPsi_2 + \frac{4\varPsi_4}{\psi}$$

$$\varPsi_8 = \frac{\varPsi_6}{\psi}$$

$$C_1 = \frac{8b_1 \sin^2\frac{\psi}{2}}{b_1\varPsi_1 + b_2\varPsi_2}$$

$$C_2 = \cos\frac{\psi}{2} - \frac{C_1}{2\sin\frac{\psi}{2}}$$

$$D_1 = \frac{2}{R(a_1\varPsi_1 + a_2\varPsi_2 + b_2R^2\varPsi_7)}$$

$$D_2 = \frac{2}{R(a_1\varPsi_2 + a_2\varPsi_1 + b_2R^2\varPsi_2)}$$

$$D_3 = \frac{1}{R[a_2\varPsi + b_1R^2(\varPsi - C_1)]}$$

$$C_3 = C_2 D_3$$

$$C_4 = C_3 \sin\frac{\psi}{2}$$

$$D_4 = \frac{2}{R(b_1\varPsi_1 + b_2\varPsi_2)} + R^2 C_2 C_3$$

$$D_5 = \frac{2}{R(b_1\varPsi_2 + b_2\varPsi_1)} + D_3 R^2 \sin^2\frac{\psi}{2}$$

$$D_6 = \frac{1}{b_2 R\varPsi} + R^2\left(D_2 \sin^2\frac{\psi}{2} + D_1\varPsi_8^2\right)$$

则末端节点刚度矩阵形式为

$$\boldsymbol{K}_{bb} = \begin{bmatrix} D_1 & 0 & 0 & 0 & 0 & D_1 R \Psi_8 \\ 0 & D_2 & 0 & 0 & 0 & -D_2 R \sin\dfrac{\psi}{2} \\ 0 & 0 & D_3 & C_3 R & D_3 R \sin\dfrac{\psi}{2} & 0 \\ 0 & 0 & C_3 R & D_4 & C_4 R^2 & 0 \\ 0 & 0 & D_3 R \sin\dfrac{\psi}{2} & C_4 R^2 & D_5 & 0 \\ D_1 R \Psi_8 & -D_2 R \sin\dfrac{\psi}{2} & 0 & 0 & 0 & D_6 \end{bmatrix} \quad （3-29）$$

末端节点的温差力 F_{Tb} 和自重力 F_{Wb} 为

$$F_{Tb} = K_{bb} \alpha \Delta t$$
$$F_{Wb} = \boldsymbol{G_{bb}} \boldsymbol{GW}$$

式中

$$\boldsymbol{G_{bb}} = \begin{bmatrix} \dfrac{R\Psi}{2} & C_5 & 0 \\ C_6 & \dfrac{R\Psi}{2} & 0 \\ 0 & 0 & \dfrac{R\Psi}{2} \\ 0 & 0 & C_7 \\ 0 & 0 & C_8 \\ C_9 & C_{10} & 0 \end{bmatrix} \qquad \boldsymbol{GW} = \begin{bmatrix} GW_x \\ GW_y \\ GW_z \end{bmatrix} \quad （3-30）$$

其中

$$C_5 = \frac{D_1 R^2}{2} \left[(a_1 - a_2) \Psi_3 + b_3 R^2 \left(\Psi_3 - \Psi_2 \frac{8}{\Psi} \Psi_4 \right) \right]$$

$$C_6 = \frac{D_2 R^2}{2} [(a_1 - a_2) \Psi_3 + b_3 R^2 (\Psi_2 + \Psi_3)]$$

$$C_7 = \frac{R^2}{2} \Psi_6$$

$$C_8 = R^2 \left[\cos\frac{\psi}{2} + \frac{\psi}{2} \sin\frac{\psi}{2} - \frac{2 \left(b_1 \Psi_6 + 2 b_2 \sin\dfrac{\psi}{2} \right)}{b_1 \Psi_2 + b_2 \Psi_1} \right]$$

$$C_9 = -C_7 - R C_6 \sin\frac{\psi}{2}$$

$$C_{10} = R(C_5 + 2R) C_8 - \frac{R^2}{2} \Psi \sin \frac{\psi}{2}$$

五、管道节点平衡方程与总体刚度矩阵

从管系中取出一个节点 i 来，如图 3-6（a）所示，设在 i 点相连的有三个管单元，即 ij、im 和 ip。i 点承受的力为 F_x、F_y、F_z、M_x、M_y、M_z 6 个力分量。

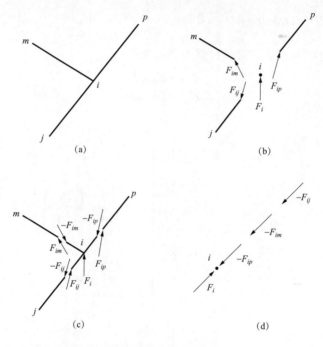

图 3-6　管单元节点的力平衡

根据力的平衡，作用于管单元的管端力与作用于节点的节点力，其大小相等方向相反。

以 ij 管单元为例，管端力 F_x^{ij}、F_y^{ij}、F_z^{ij}、M_x^{ij}、M_y^{ij}、M_z^{ij} 而该单元作用于节点的节点力是 $-F_x^{ij}$、$-F_y^{ij}$、$-F_z^{ij}$、$-M_x^{ij}$、$-M_y^{ij}$、$-M_z^{ij}$，如图 3-6（b）所示。

把 i 点取为隔离体，如图 3-6（c）。节点 i 将在节点载荷和各管单元作用于节点的力之间保持平衡。求平衡方程式

$$F_x^i - F_x^{ij} - F_x^{im} - F_x^{ip} = 0$$

$$F_y^i - F_y^{ij} - F_y^{im} - F_y^{ip} = 0$$

$$F_z^i - F_z^{ij} - F_z^{im} - F_z^{ip} = 0$$

$$M_x^i - M_x^{ij} - M_x^{im} - M_x^{ip} = 0$$

$$M_y^i - M_y^{ij} - M_y^{im} - M_y^{ip} = 0$$

$$M_z^i - M_z^{ij} - M_z^{im} - M_z^{ip} = 0$$

或写为

$$\boldsymbol{F^i} = \sum_{e=j,m,p} \boldsymbol{F}$$

式中 Σ_e 表示与 i 相关的单元对 i 点的力求和，显然与 i 无关的力不进入式中求和。

管道单元 ij 作用于 i 点的力为

$$F_{ij} = K_{ii}^{ij} \Delta_i + K_{ij} \Delta_j$$

$$F_{im} = K_{ii}^{im} \Delta_i + K_{im} \Delta_m$$

$$F_{ip} = K_{ii}^{ip} \Delta_i + K_{ip} \Delta_p$$

代入得 i 点的平衡方程如下

$$\left(\sum_{e=j,m,p} K_{ii}^{ie} \right) \Delta_i + K_{ij} \Delta_j + K_{im} \Delta_{jm} + K_{ip} \Delta_p = F_i$$

每个节点都有六个平衡方程，对全部 N 个节点逐个写出它们的方程，得到 $6 \times N$ 阶线性方程组将其写成矩阵形式

$$\boldsymbol{K\Delta} = \boldsymbol{F} \tag{3-31}$$

这就是用矩阵表示的整个管系的节点平衡方程组。式中 $\boldsymbol{\Delta}$ 是全部节点位移组成的列阵，$\boldsymbol{F}$ 是全部节点荷载组成的列阵，$\boldsymbol{K}$ 为全部单元刚度组合成的总体刚度矩阵。总体刚度矩阵的元素为

$$K_{rs} = \Sigma_e K_{ij} \tag{3-32}$$

式中 Σ_e 表示对于交汇于 i 点的各单元求和。脚标 rs 表示 K_{rs} 位于总刚度矩阵的第 r 行第 s 列，而脚标 ij 表示 K_{ij} 位于单元刚度矩阵的第 i 行第 j 列。根据节点编号及自由度顺序不难确定 rs 和 ij 的对应。总体刚度矩阵元素的物理意义是结构的第 s 个自由度上的单位位移引起的第 r 个节点力。在管系结构中，总体刚度矩阵是相当稀疏的并且非零元素位于全对角线附近，而成带状。在非零元素界限外的零元素在消元分解中仍为零，因此不需要存贮。又由于矩阵的对称性

只需存贮下三角的非零元素界限内的元素。由于每行的带宽不同，故只能一行接一行的存贮，即一维存贮。两维和一维下标的变换关系为

$$LI = (I-1)\times I/2+J \qquad (3-33)$$

式中　I——总体刚度矩阵的行数；

　　　J——总体刚度矩阵的列数。

装配好的总体刚度矩阵是奇异的，不可直接求解，必须在考虑了端点，支吊架等边界条件后才能求解。

六、边界条件的处理

对于固定的端点，被当作给定位移的点来处理，即从总体刚度矩阵中划去端点刚度，而在节点力中考虑其影响。

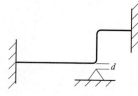

图 3-7　半限位支架

在管道分析中有时会遇到所谓半限位支架，如图 3-7 所示。即在发生一定位移后才起到限位作用。这也被视为给定位移，它是这样处理的：假定该点为 i，在 i 未知量所对应的主元素乘以大数 G，$G=10^{15}$ 使 $F_i=GF_{ii}d$，d 为在 i 点有 d 位移后限位。

$$\begin{bmatrix} K_{11} & K_{12} & \cdots & K_{1i} & \cdots & K_{1n} \\ K_{21} & K_{22} & \cdots & K_{2i} & \cdots & K_{2n} \\ \vdots & \vdots & \vdots & \vdots & \vdots & \vdots \\ K_{i1} & K_{i2} & \cdots & K_{ii} & \cdots & K_{in} \\ \vdots & \vdots & \vdots & \vdots & \vdots & \vdots \\ K_{n1} & K_{n2} & \cdots & K_{ni} & \cdots & K_{nn} \end{bmatrix} \begin{bmatrix} \Delta_1 \\ \Delta_2 \\ \vdots \\ \Delta_i \\ \vdots \\ \Delta_n \end{bmatrix} = \begin{bmatrix} F_1 \\ F_2 \\ \vdots \\ F_i \\ \vdots \\ F_n \end{bmatrix} \qquad (3-34)$$

于是，原来总刚度矩阵中第 i 行变成

$$K_{i1}\Delta_1 + K_{i2}\Delta_2 + \cdots + GK_{ii}\Delta_i + \cdots + K_{in}\Delta_n = GK_{ii}d$$

由于 GK_{ii} 很大，其他任何一项与之相比都可略去不计，于是

$$GK_{ii}\Delta_i = GK_{ii}d$$

即

$$\Delta_i = d$$

对于各种形式的支吊架，将其约束方向看作一个弹簧。在总刚度矩阵中，在第 i 个未知量所对应的主元素上加上弹簧刚度 k 即 $K_{ii}+k$。于是式（3-34）中第 i 行变成

$$K_{i1}\Delta_1 + K_{i2}\Delta_2 + \cdots + (GK_{ii}+k)\Delta_i + \cdots + K_{in}\Delta_n = F_i$$

如果支吊架限制若干个位移，应在若干个主元素上同时加上 k。k 即可以约束线位移也可以约束角位移，对于刚性支架和固定支架 $k=10^{20}$。即弹簧刚度非常之大的支吊架。k 仅影响对应的主元素刚度。

七、线性方程组的解法

总体刚度矩阵可表示为

$$K=LDL^T \tag{3-35}$$

这时把矩阵 K 分解为 L、D、L^T 三个矩阵乘积，式中

$$L = \begin{bmatrix} 1 & & & & 0 \\ L_{21} & 1 & & & \\ \vdots & L_{32} & \ddots & & \\ \vdots & \vdots & & 1 & \\ L_{n1} & L_{n2} & & L_{nn-1} & 1 \end{bmatrix} \tag{3-36}$$

$$D = \begin{bmatrix} D_{11} & & & 0 \\ & D_{22} & & \\ \vdots & & \ddots & \\ \vdots & \vdots & & \\ 0 & & & D_{nn} \end{bmatrix} \tag{3-37}$$

通过下面的运算就可以求解刚度矩阵方程

$$LDL^T\Delta=F \tag{3-38}$$

设

$$LY=F \tag{3-39}$$

则

$$DL^T\Delta=Y \tag{3-40}$$

这时对 F 进行正消就得到了 Y

$$Y = L_{n-1}^{-1}\cdots L_2^{-1}L_1^{-1}F \tag{3-41}$$

然后对式进行回代就得到 Δ

$$L^T\Delta=D^{-1}Y \tag{3-42}$$

这就是用矩阵来表示的消元分解求位移的全部过程。

当 $i>j$ 时，又可写出下列分解公式

$$D_{ii} = K_{ii} - \sum_{r=1}^{i-1} L_{ir}^2 D_{rr} \tag{3-43}$$

$$L_{ij} = (K_{ij} - \sum_{r=1}^{j-1} L_{ir} L_{jr} D_{rr}) / D_{jj} \qquad (3\text{-}44)$$

回代求解公式

$$F_i^{(r+1)} = F_i - \sum_{l=1}^{r} \frac{K_{il}^{(l)} K_{lj}^{(l)}}{K_{ll}} \qquad (3\text{-}45)$$

$$\Delta_n = F_n^{(n)} / K_{nn}^{(n)} \qquad (3\text{-}46)$$

$$\Delta_i = (F_i - \sum_{j=i+1}^{n} K_{ij} \Delta_j) / K_{ii} \qquad (3\text{-}47)$$

消元分解法源自高斯消元法，主要差别在于高斯消元法中对 K 和 F 同时进行正消回代；而在消元分解法中对 K 进行消元分解时，先不处理 F；得到 L、D 矩阵后再处理 F。这样消元分解法对同一问题的 K 矩阵只要进行一次分解，便于对多组荷载进行计算。在实际运算中分解所用计算机时间约为整个题目运算时间的一半左右，因而对多组荷载的组合计算就显得更为有效。

八、管道荷载分配和支吊架弹簧选择

管道的全部重量由管道上所有的支吊架和设备接口分担，分配原则是按在工作（操作）状态下，各支吊架点由管道自重产生的位移为零，即所谓的热态（操作）吊零。因此，在工作（操作）状态下把所有的支吊架都当成刚性支吊架，求出各支吊架所承受的荷载。变力弹簧支吊架或恒力弹簧支吊架荷载可人为给定。

弹簧选择满足以下条件：

当 $P_{az} > P_{gz}$ 时

$$\frac{\left| P_{az} - P_{gz} \right|}{\left| P_{gz} \right|} \times 100\% \leqslant 25\%$$

$$|P_{az}| \leqslant 0.95 P_{\max}$$

当 $P_{az} < P_{gz}$ 时

$$\frac{\left| P_{az} - P_{gz} \right|}{\left| P_{gz} \right|} \times 100\% \leqslant 25\%$$

$$|P_{gz}| \leqslant 0.95 P_{\max}$$

式中　P_{az} ——支吊架弹簧的安装荷载；

P_{gz} ——支吊架弹簧的工作荷载；

$P_{\max}$ ——支吊架弹簧的最大允许荷载。

为了保证弹簧支吊架在管道工作状态时承受分配给它的荷载，应在安装弹簧支吊架时，对弹簧施加予压缩力，这个力恰好就是分配给它的重量荷载和由于由工作状态至安装状态的位移所产生的弹簧附加力的代数和，这样，在冷状态下管道上各支吊架除有自重作用外，还有弹簧附加力的作用。

支吊架给定荷载，根据管道结构的实际，给定荷载的支吊点只能是弹性支吊点，因为此时的支吊力是可以通过弹簧而人为给定的。而对于刚性支吊点，只能给定变形条件，因为这类支吊点，只能按要求的位置进行安装。

荷载分配原则也可以冷态吊零，即按管道在冷状态下，各支吊架点由管道自重产生的位移为零。

由于冷态吊零方法管道重力荷载的分配是在冷状态下实现的，这样管道在工作状态下除分配的重力荷载外，还将承受弹簧附加力荷载，使管道在工作状态下的应力增加，这对于长期处于工作状态下的管道是非常不利的。而热态吊零方法管道重力荷载分配是在工作状态下实现的，管道在工作状态下只承受分配的重力荷载，也就是热态工作荷载。因此，一般情况采用热态吊零方法较好。

九、管道节点力和内力计算

（一）管系总体坐标系

为了讨论管系，对管系中所有单元必须采用一个公用的总体坐标系，如图 3-8 所示的 X 坐标系，λ 为单元坐标系。

设 λ_i 轴对 X_j 轴的方向余弦为 λ_{ij}

则矩阵 $[R_\lambda] = \begin{bmatrix} \lambda_{11} & \lambda_{12} & \lambda_{13} \\ \lambda_{21} & \lambda_{22} & \lambda_{23} \\ \lambda_{31} & \lambda_{32} & \lambda_{33} \end{bmatrix}$ 为由 X 坐

标系变换到 λ 坐标系的旋转矩阵，它是一个正交矩阵，即 $[R_\lambda]^{\mathrm{T}}[R_\lambda] = [R_\lambda][R_\lambda]^{\mathrm{T}} = \boldsymbol{J}$

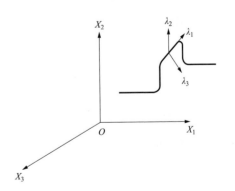

图 3-8　管系总体坐标系及
单元坐标系

（二）管道单元坐标系

为了讨论单元的方便，在管系中取一个随单元而定的单元坐标系 λ。坐标原点取在单元轴线的中点。对直管单元 λ_1 轴取为沿轴线，再按右旋定则确定 λ_2 和 λ_3 轴，见图3-9，对于弯管单元，取过轴线中点 Q 的切线为 λ_1 轴，由 Q 点引向曲率中心 O 的方向取做 λ_2 轴，再按右旋定则确定 λ_3 轴。见图3-10。

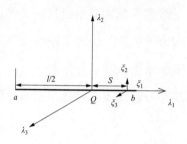

图3-9　直单元的单元坐标系

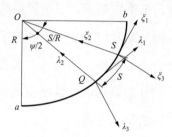

图3-10　弯单元的单元坐标系

（三）局部坐标系

为了计算合成应力，必须计算出单元在局部坐标系下的内力，对单元上的动点 S，取一个随 S 而动的局部坐标系 ζ，对于直管单元图3-9 ζ 坐标系只由 λ 坐标系将原点 Q 平稳至 S 点而成，对于弯管单元，ζ 坐标系只由 λ 坐标系将原点 Q 绕曲率中心 O 沿单元轴线旋转至 S 而成。以 ζ_{ij} 表示 ζ_i 轴对 λ_j 轴的方向余弦，则矩阵

$$\left[R_{\zeta}\right] = \begin{bmatrix} \zeta_{11} & \zeta_{12} & \zeta_{13} \\ \zeta_{21} & \zeta_{22} & \zeta_{23} \\ \zeta_{31} & \zeta_{32} & \zeta_{33} \end{bmatrix} \tag{3-48}$$

为由 λ 坐标系变换到 ζ 坐标系的旋转矩阵。

该矩阵对直管单元

$$\left[R_{\zeta}\right] = \begin{bmatrix} 1 & 0 & 0 \\ 0 & 1 & 0 \\ 0 & 0 & 1 \end{bmatrix} = \boldsymbol{J} \tag{3-49}$$

对弯管单元

$$\begin{bmatrix} R_{\xi} \end{bmatrix} = \begin{bmatrix} \cos\frac{S}{R} & \sin\frac{S}{R} & 0 \\ -\sin\frac{S}{R} & \cos\frac{S}{R} & 0 \\ 0 & 0 & 1 \end{bmatrix} \tag{3-50}$$

（四）管道单元的平衡

在求解完管道结构正则方程组得出节点位移之后，通过建立单元平衡，给出力和位移的关系方程，这里一般情况下，把力和位移都表示成在单元坐标系 λ 下的分量所构成的列向量。

如图 3-11 所示，设单元的初始位置是 a_0、b_0，给杆端 a_0、b_0 初位移为

$$\boldsymbol{D}_a = \begin{bmatrix} \delta_a \\ \theta_a \end{bmatrix} = \begin{bmatrix} \delta_{a1} \\ \delta_{a2} \\ \delta_{a3} \\ \theta_{a1} \\ \theta_{a2} \\ \theta_{a3} \end{bmatrix} \qquad \boldsymbol{D}_b = \begin{bmatrix} \delta_b \\ \theta_b \end{bmatrix} = \begin{bmatrix} \delta_{b1} \\ \delta_{b2} \\ \delta_{b3} \\ \theta_{b1} \\ \theta_{b2} \\ \theta_{b3} \end{bmatrix} \tag{3-51}$$

单元杆端由 a_0b_0 至 ab，把杆端 a、b 固定，若再温升 Δt 后，杆端 a、b 承受的反力为

$$\boldsymbol{P}_a = \begin{bmatrix} F_a \\ M_a \end{bmatrix} = \begin{bmatrix} F_{a1} \\ F_{a2} \\ F_{a3} \\ M_{a1} \\ M_{a2} \\ M_{a3} \end{bmatrix} \qquad \boldsymbol{P}_b = \begin{bmatrix} F_b \\ M_b \end{bmatrix} = \begin{bmatrix} F_{b1} \\ F_{b2} \\ F_{b3} \\ M_{b1} \\ M_{b2} \\ M_{b3} \end{bmatrix} \tag{3-52}$$

可设想由于热膨胀，单元杆端由初始位置 a_0b_0 变为 a_1b_1，故杆端温差位移

$$\boldsymbol{D}_a^t = \begin{bmatrix} \Delta_a \\ 0 \end{bmatrix} = \begin{bmatrix} \Delta_{a1} \\ \Delta_{a2} \\ \Delta_{a3} \\ 0 \\ 0 \\ 0 \end{bmatrix} \qquad \boldsymbol{D}_b^t = \begin{bmatrix} \Delta_b \\ 0 \end{bmatrix} = \begin{bmatrix} \Delta_{b1} \\ \Delta_{b2} \\ \Delta_{b3} \\ 0 \\ 0 \\ 0 \end{bmatrix} \tag{3-53}$$

角位移为零，由于温差只引起单元产生线位移，而不能产生角位移。且单元两端的线位移存在下式关系

$$\Delta_b - \Delta_a = \Delta_{ab} = \alpha \Delta t L \qquad (3\text{-}54)$$

式中 α——单元的材料线膨胀系数；

L——单元长度向量。

对直管单元有

$$L = \begin{bmatrix} \ell \\ 0 \\ 0 \end{bmatrix} \qquad (3\text{-}55)$$

式中 ℓ——单元长度标量。

对弯管单元有

$$L = \begin{bmatrix} 2R\sin\dfrac{\varphi}{2} \\ 0 \\ 0 \end{bmatrix} \qquad (3\text{-}56)$$

式中 R——弯管单元弯曲半径；

φ——弯管单元角度。

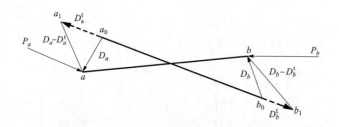

图 3-11   单元热膨胀力平衡图

杆端 a、b 上的反力 P_a、P_b，可以看成在单元温升 Δt 热膨胀之后，使单元杆端由 a_1、b_1 移至 a、b 所需的力，见图 3-11。很明显位移为

$$D' = D_a - D_a^t = \begin{bmatrix} \delta_a - \Delta_a \\ \theta_a \end{bmatrix} \qquad D'' = D_b - D_b^t = \begin{bmatrix} \delta_b - \Delta_b \\ \theta_b \end{bmatrix}$$

单元 ab 的外力 P_a、P_b 做的功为

$$\omega = F_a(\delta_a - \Delta_a) + M_a\theta_a + F_b(\delta_b - \Delta_b) + M_b\theta_b \qquad (3\text{-}57)$$

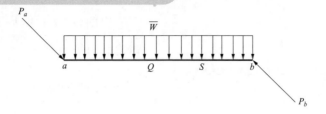

图 3-12　单元均布荷载力平衡图

如图 3-12 所示，设单元 ab 上有单位长度荷载为 W 的均布荷载

$$W = \begin{bmatrix} W_1 \\ W_2 \\ W_3 \end{bmatrix}$$

则由单元的静力平衡条件有

$$F_a + F_b + \int_a^b W \mathrm{d}S = 0$$

$$M_a + F_a \times L + M_b + \int_a^b W \mathrm{d}S \times \overrightarrow{sb} = 0 \tag{3-58}$$

化简后得

$$F_b = -F_a - L \times W$$

$$M_b = -M_a - F_a \times L - W \times d \tag{3-59}$$

对直管单元

$$d = \int_a^b \overrightarrow{sb}\,\mathrm{d}s = \int_{-\frac{l}{2}}^{\frac{l}{2}} \begin{bmatrix} \dfrac{l}{2} - s \\ 0 \\ 0 \end{bmatrix} \mathrm{d}s = \begin{bmatrix} \dfrac{l^2}{2} \\ 0 \\ 0 \end{bmatrix} \tag{3-60}$$

对弯管单元

$$d = \int_a^b \overrightarrow{sb}\,\mathrm{d}s = \int_{-\frac{R\phi}{2}}^{\frac{R\phi}{2}} \begin{bmatrix} R\left(\sin\dfrac{\phi}{2} - \sin\dfrac{S}{R}\right) \\ R\left(\cos\dfrac{S}{R} - \cos\dfrac{\phi}{2}\right) \\ 0 \end{bmatrix} \mathrm{d}s = \begin{bmatrix} \phi R^2 \sin\dfrac{\phi}{2} \\ R^2\left(2\sin\dfrac{\phi}{2} - \phi\cos\dfrac{\phi}{2}\right) \\ 0 \end{bmatrix} \tag{3-61}$$

将式（3-59）代入式（3-57）得

$$\omega = F_a(\delta_a - \delta_b + \Delta_{ab} - L \times \theta_b) + M_a(\theta_a - \theta_b) - lW(\delta_b - \Delta_b) - W(d \times \theta_b) \tag{3-62}$$

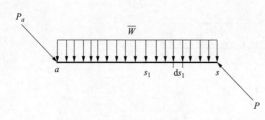

图 3-13　单元截断均布荷载力平衡图

由图 3-13 对单元 ab 的截断 ds 讨论静力平衡有

$$F + F_a + \int_a^s W \mathrm{d}s_1 = 0$$

$$M + M_a + F_a \times \overrightarrow{as} + \int_a^s (W\mathrm{d}s_1) \times \overrightarrow{s_1 s} = 0$$

化简后得

$$F = -F_a - rW$$
$$M = -M_a - F_a \times u - W \times V \tag{3-63}$$

对直管单元有

$$r = \frac{l}{2} + s$$

$$u = \begin{bmatrix} u_1 \\ u_2 \\ u_3 \end{bmatrix} = \begin{bmatrix} \dfrac{l}{2} \\ 0 \\ 0 \end{bmatrix} \qquad v = \begin{bmatrix} v_1 \\ v_2 \\ v_3 \end{bmatrix} = \begin{bmatrix} \dfrac{1}{2}\left(\dfrac{l}{2} + s\right)^2 \\ 0 \\ 0 \end{bmatrix} \tag{3-64}$$

对弯管单元有

$$r = R\left(\frac{\varphi}{2} + \frac{S}{R}\right)$$

$$u = \begin{bmatrix} u_1 \\ u_2 \\ u_3 \end{bmatrix} = \begin{bmatrix} R\left(\sin\dfrac{\varphi}{2} + \sin\dfrac{S}{R}\right) \\ R\left(\cos\dfrac{\varphi}{2} + \cos\dfrac{S}{R}\right) \\ 0 \end{bmatrix} \tag{3-65}$$

$$v = \begin{bmatrix} v_1 \\ v_2 \\ v_3 \end{bmatrix} = \begin{bmatrix} R^2\left[\cos\dfrac{S}{R} - \cos\dfrac{\varphi}{2} + \left(\dfrac{\varphi}{2} + \dfrac{S}{R}\right)\sin\dfrac{S}{R}\right] \\ R^2\left[\sin\dfrac{S}{R} + \sin\dfrac{\varphi}{2} - \left(\dfrac{\varphi}{2} + \dfrac{S}{R}\right)\cos\dfrac{S}{R}\right] \\ 0 \end{bmatrix}$$

利用两向量叉积和矩阵乘法规则，可把式（3-63）改写成

$$F = -F_a - rW$$
$$M = -M_a - r_uF_a - r_vW$$

（3-66）

其中

$$r_u = \begin{bmatrix} 0 & u_3 & -u_2 \\ -u_3 & 0 & u_1 \\ u_2 & -u_1 & 0 \end{bmatrix}$$

$$r_v = \begin{bmatrix} 0 & v_3 & -v_2 \\ -v_3 & 0 & v_1 \\ v_2 & -v_1 & 0 \end{bmatrix}$$

以 f、m 表示在局部坐标系 ξ 下的列向量，则

$$f = \left[R_\xi \right]F = -\left[R_\xi \right]F_a - r\left[R_\xi \right]W$$
$$m = \left[R_\xi \right]M = -\left[R_\xi \right]M_a - UF_a - VW$$

（3-67）

式中

$$U = \left[R_\xi \right]r_u$$
$$V = \left[R_\xi \right]r_v$$

将式（3-67）代入弹性变形能公式，得单元 ab 的弹性变形能为

$$\Omega = \frac{1}{2EI}\int \{F_a^T[R_\xi]^T + rW^T[R_\xi]^T diag(a_1,a_2,a_3)([R_\xi]F_a + r[R_\xi]W)$$
$$+ (M_a^T[R_\xi]^T + F_a^TU^T + W^TV^T)diag(b_1,b_2,b_3)([R_\xi])M_a + UF_a + VW\}ds$$
$$= \frac{1}{2EI}\{(F_a^TA_1F_a + F_a^TG_1W + W^TG_1F_a + W^TD_1W) + (M_a^TBM_a) + M_a^TCF_a + F_aCM_a^T$$
$$+ F_aA_2F_a + M_a^THW + W^TH^TM_a + F_a^TG_2^TW + W^TG_2^TF_a + W^TD_2W\}$$

（3-68）

其中

$$A_1 = \int \left[R_\xi \right]^T diag(a_1,a_2,a_3)\left[R_\xi \right]ds$$

$$A_2 = \int U^T diag(b_1,b_2,b_3)Vds$$

$$B = \int \left[R_\xi \right]^T diag(b_1,b_2,b_3)\left[R_\xi \right]ds$$

$$C = \int \left[R_\xi \right]^T diag(b_1,b_2,b_3)Uds$$

$$G_1 = \int r \left[R_\xi \right]^{\mathrm{T}} diag(a_1, a_2, a_3) \left[R_\xi \right] \mathrm{d}s$$

$$G_2 = \int U^{\mathrm{T}} diag(b_1, b_2, b_3) V \mathrm{d}s$$

$$H = \int \left[R_\xi \right]^{\mathrm{T}} diag(b_1, b_2, b_3) V \mathrm{d}s$$

$$D_1 = \int r^2 \left[R_\xi \right]^{\mathrm{T}} diag(a_1, a_2, a_3) \left[R_\xi \right] \mathrm{d}s$$

$$D_2 = \int V^{\mathrm{T}} diag(b_1, b_2, b_3) V \mathrm{d}s$$

$$a_1 = \frac{r_1^2 + r_2^2}{4}$$

$$a_2 = a_3 = 0.65\mu(r_1^2 + r_2^2) = 2.6\mu a_1$$

$$b_1 = 1.3$$

$$b_2 = b_3 = K$$

式中　E——弹性模量；

　　　I——管道截面的惯性矩；

　　　r_1——管道截面的内半径；

　　　r_2——管道截面的外半径；

　　　K——柔性系数，直管 $K=1$；

　　　μ——管道截面的形状系数，对薄壁圆管 $\mu=1.5$。

对线弹性体，总余能等于变形能与反力能之差，即 $\varepsilon = \Omega - \omega$。

很显然，它是力 $\boldsymbol{P}_a$ 的函数，根据余能原理，使单元 ab 处于平衡状态的力 $\boldsymbol{P}_a$ 将使总余能 ε 为最小，亦即 $\boldsymbol{P}_a$ 必须满足下式

$$\frac{\partial \varepsilon}{\partial P_a} = \frac{\partial(\Omega)}{\partial P_a} - \frac{\partial(\omega)}{\partial P_a} = 0$$

由于 $\boldsymbol{P}_a = \begin{bmatrix} F_a \\ M_a \end{bmatrix}$，则

$$\frac{\partial \varepsilon}{\partial F_a} = \frac{\partial(\Omega)}{\partial F_a} - \frac{\partial(\omega)}{\partial F_a} = 0$$

$$\frac{\partial \varepsilon}{\partial M_a} = \frac{\partial(\Omega)}{\partial M_a} - \frac{\partial(\omega)}{\partial M_a} = 0 \tag{3-69}$$

利用微分计算式将式（3-62）、式（3-68）代入式（3-69）得出

$$\frac{1}{EI}(A\boldsymbol{F}_a + c^{\mathrm{T}}\boldsymbol{M}_a) + \frac{1}{EI}\boldsymbol{G}\boldsymbol{W} = \delta_a - \delta_b - r_L\theta_b + \Delta_{ab}$$

$$\frac{1}{EI}(c\boldsymbol{F}_a + B\boldsymbol{M}_a) + \frac{1}{EI}\boldsymbol{H}\boldsymbol{W} = \theta_a - \theta_b$$

$$（3-70）$$

其中
$$A = A_1 + A_2, G = G_1 + G_2$$

对直管单元

$$r_L = \begin{bmatrix} 0 & 0 & 0 \\ 0 & 0 & l \\ 0 & -l & 0 \end{bmatrix}$$

对弯管单元

$$r_L = \begin{bmatrix} 0 & 0 & 0 \\ 0 & 0 & 2R\sin\dfrac{\varphi}{2} \\ 0 & -2R\sin\dfrac{\varphi}{2} & 0 \end{bmatrix}$$

把式（3-69）表达成矩阵方程　　$\boldsymbol{\Phi}\boldsymbol{P}_a + \boldsymbol{\Psi}\boldsymbol{W} = \boldsymbol{D}_a - \boldsymbol{S}_L^{\mathrm{T}}\boldsymbol{D}_b + \boldsymbol{D}_t$　　　（3-71）

其中

$$\boldsymbol{\Phi} = \frac{1}{EI}\begin{bmatrix} A & C^{\mathrm{T}} \\ C & B \end{bmatrix}$$

$$\boldsymbol{\Psi} = \frac{1}{EI}\begin{bmatrix} G \\ H \end{bmatrix}$$

$$\boldsymbol{S}_L = \begin{bmatrix} \boldsymbol{J} & 0 \\ r_L & \boldsymbol{J} \end{bmatrix}$$

$$\boldsymbol{D}_t = \begin{bmatrix} \Delta_{ab} \\ 0 \end{bmatrix}$$

$\boldsymbol{S}_L$ 中的 $\boldsymbol{J}$ 为单位矩阵

$$\boldsymbol{J} = \begin{bmatrix} 1 & 0 & 0 \\ 0 & 1 & 0 \\ 0 & 0 & 1 \end{bmatrix}$$

$\boldsymbol{\Phi}$ 称为单元 ab 关于 a 点的柔度矩阵，$\boldsymbol{\Psi}$ 称为单元 ab 上的均布荷载关于 a 点的柔度矩阵，$\boldsymbol{S}_L$ 称为力的平移矩阵，S_L^{T} 称为位移的平移矩阵

由式（3-71）解出 P_a

$$P_a = K_{aa}D_a + K_{ab}D_b + T_a\alpha\Delta t - G_aW \tag{3-72}$$

其中

$$K_{aa} = \boldsymbol{\Phi}^{-1} = \begin{bmatrix} k_{11} & \cdots & k_{16} \\ \vdots & \cdots & \vdots \\ k_{61} & \cdots & k_{66} \end{bmatrix}$$

$$T_a = c \begin{bmatrix} k_{11} \\ k_{21} \\ k_{31} \\ k_{41} \\ k_{51} \\ k_{61} \end{bmatrix}$$

对直管单元

$$c = 1$$

对弯管单元

$$c = 2R\sin\frac{\varphi}{2}$$

$$K_{ab} = -K_{aa}S_L^{\mathrm{T}}$$

$$G_a = K_{aa}\boldsymbol{\Psi}$$

又由式（3-59）得

$$P_b = \begin{bmatrix} F_b \\ M_b \end{bmatrix} = \begin{bmatrix} -F_a - lW \\ -M_a - r_L F_a - \gamma_a = W \end{bmatrix} = -S_L P_a - \begin{bmatrix} lJ \\ \gamma_a \end{bmatrix}W \tag{3-73}$$

其中 γ_a 对直管单元

$$\gamma_a = \begin{bmatrix} 0 & 0 & 0 \\ 0 & 0 & \dfrac{l^2}{2} \\ 0 & -\dfrac{l^2}{2} & 0 \end{bmatrix} \tag{3-74}$$

对弯管单元

$$\gamma_a = \begin{bmatrix} 0 & 0 & -R^2\left(2\sin\dfrac{\varphi}{2} - \boldsymbol{\Phi}\cos\dfrac{\varphi}{2}\right) \\ 0 & 0 & R^2\boldsymbol{\Phi}\sin\dfrac{\varphi}{2} \\ R^2\left(2\sin\dfrac{\varphi}{2} - \boldsymbol{\Phi}\cos\dfrac{\varphi}{2}\right) & -R^2\boldsymbol{\Phi}\sin\dfrac{\varphi}{2} & 0 \end{bmatrix} \tag{3-75}$$

将式（3-72）代入式（3-73）得

$$P_b = K_{ba}D_a + K_{bb}D_b + T_b\alpha\Delta t - G_bW \tag{3-76}$$

其中

$$K_{ba} = -S_L K_{aa}$$
$$K_{bb} = -S_L K_{ab}$$
$$T_b = -S_L T_a$$
$$\boldsymbol{G}_b = \begin{bmatrix} lJ \\ r_\alpha \end{bmatrix} - S_L G_a$$

以 $\boldsymbol{P}$ 表示单元的杆端力，$\boldsymbol{D}$ 表示节点位移，则

$$\boldsymbol{P} = \begin{bmatrix} p_a \\ p_b \end{bmatrix} \qquad \boldsymbol{D} = \begin{bmatrix} D_a \\ D_b \end{bmatrix}$$

合并式（3-72）和式（3-76）得

$$\boldsymbol{P} = \boldsymbol{KD} + \boldsymbol{T}\alpha\Delta t - \boldsymbol{G}\mathrm{W} \tag{3-77}$$

其中　$\boldsymbol{K} = \begin{bmatrix} K_{aa} & K_{ab} \\ K_{ba} & K_{bb} \end{bmatrix}$　$\boldsymbol{T} = \begin{bmatrix} T_a \\ T_b \end{bmatrix}$　$\boldsymbol{G} = \begin{bmatrix} G_a \\ G_b \end{bmatrix}$

称 $\boldsymbol{K}$ 为单元 ab 的刚度矩阵，$\boldsymbol{T}$ 为热胀荷载矩阵，$\boldsymbol{G}$ 为均布荷载矩阵，这样式（3-77）即为单元的杆端力与节点位移的基本方程。

上面推导出的杆端力与节点位移的基本方程是在单元坐标系下导出的，可写成

$$p(\lambda) = K(\lambda)D(\lambda) + T(\lambda)\alpha\Delta t - G(\lambda)W(\lambda) \tag{3-78}$$

在求管系的基本方程组得出的是在总体坐标系下的位移，而

$$[R_\lambda]_{12} = \begin{bmatrix} [R_\lambda] & & & \\ & [R_\lambda] & & \\ & & [R_\lambda] & \\ & & & [R_\lambda] \end{bmatrix}$$

$$W(x) = \begin{bmatrix} 0 \\ -W \\ 0 \end{bmatrix}$$

式中　W——单元单位长度重量。

利用坐标变换式（3-78）可改写成

$$p(x) = K(x)D(x) + T(x)\alpha\Delta t - G(x)W(x)$$
$$K(x) = [R_\lambda]_{12}^{\mathrm{T}} [R_\lambda]_{12} k(\lambda)$$

$$T(x) = \left[R_\lambda\right]_{12}^{\mathrm{T}} T(\lambda)$$

$$G(x) = \left[R_\lambda\right]_{12}^{\mathrm{T}} \left[R_\lambda\right] G(\lambda) \tag{3-79}$$

且
$$p(\lambda) = \left[R_\lambda\right]_{12} p(x) \tag{3-80}$$

由式（3-79）及式（3-80）并利用 $\left[R_\lambda\right]_{12}$ 的正交性可得

$$p(x) = K(x)D(x) + T(x)\alpha\Delta t - G(x)W(x) \tag{3-81}$$

此即在管系总体坐标系下，单元的杆端力与节点位移关系的基本方程。
其中

$$K(x) = \left[R_\lambda\right]_{12}^{\mathrm{T}} k(\lambda) \left[R_\lambda\right]_{12}$$

$$T(x) = \left[R_\lambda\right]_{12}^{\mathrm{T}} T(\lambda)$$

$$G(x) = \left[R_\lambda\right]_{12}^{\mathrm{T}} G(\lambda) \left[R_\lambda\right]$$

分别为单元在总体坐标系下的刚性矩阵，热膨胀荷载矩阵与均匀荷载矩阵。

在一个管系中，设第 n 个单元为 L_n，其两端点编号为 a、b，则杆端力与位移的关系方程为

$$\boldsymbol{p}^n = \boldsymbol{K}^n \boldsymbol{D}^n + \boldsymbol{T}^n \alpha\Delta t - \boldsymbol{G}^n \boldsymbol{W}^n \tag{3-82}$$

$$\boldsymbol{p}^n = \begin{bmatrix} p_a{}^n \\ p_b{}^n \end{bmatrix} \qquad \boldsymbol{D}^n = \begin{bmatrix} D_a{}^n \\ D_b{}^n \end{bmatrix} \qquad \boldsymbol{W}^n = \begin{bmatrix} 0 \\ -W^n \\ 0 \end{bmatrix} \tag{3-83}$$

P^n、D^n、W^n 分别为单元 L_n 的杆端力，节点位移及单位长度的重力。

$$\boldsymbol{K}^n = \begin{bmatrix} K_{aa}{}^n & K_{ab}{}^n \\ K_{ba}{}^n & K_{bb}{}^n \end{bmatrix} \qquad T^n = \begin{bmatrix} T_a{}^n \\ T_b{}^n \end{bmatrix} \qquad G^n = \begin{bmatrix} G_a{}^n \\ G_b{}^n \end{bmatrix} \tag{3-84}$$

$\boldsymbol{K}^n$、$\boldsymbol{T}^n$、$\boldsymbol{G}^n$ 分别为单元 L_n 在总体坐标系下的刚度矩阵，热膨胀荷载矩阵及均布荷载矩阵。

将式（3-83）、式（3-84）代入式（3-82），得单元 L_n 两端杆端力方程为

$$P_a{}^n = K_{aa}{}^n D_a{}^n + K_{ab}{}^n D_b{}^n + T_a{}^n \alpha\Delta t - G_a{}^n W^n$$

$$P_b{}^n = K_{ba}{}^n D_b{}^n + K_{bb}{}^n D_b{}^n + T_b{}^n \alpha\Delta t - G_b{}^n W^n \tag{3-85}$$

据此可求出单元两端的杆端力。

（五）管道单元内力计算

在求解管系的基本方程组

$$KD=P$$

得出在总体坐标系下的每个节点位移后，代入式（3-85）得到单元在总体坐标系下的杆端力与节点位移关系的基本方程，即求得单元两端的杆端力。然后将其旋转至单元坐标系。

$$p(\lambda)=[R_\lambda]_{12}\,p(x)$$

对每一个单元需要求出单元的最大应力及其作用点，而最大应力不一定都发生在杆端点，因此可把单元均布分 N 段，对每一分点（包括杆端点）求出其应力，再通过比较求出最大应力及其作用点。

均分数 N 的求法，对直管单元是以一米为步长的，不足一米按一米计算，若单元长度大于 1m 且不为整数时，小数部分大于等于 0.5m 时，按整数部分计算出的分数点加上 1，若小于 0.5m 即取为整数部分算得的分点数。对弯管单元是以 15° 为步长的，不足 15° 按 15° 计算，大于 15° 且不能被 15° 整除，商的小数部分大于等于 0.5 按算得的均分数加上 1，否则不加。

为了计算合成应力，必须求出各分点在局部坐标系下的应力，均分数 N 求出后，将单元 ab 均分为 N 段，设分点为

$$a=0,\ 1,\ 2,\ \cdots,\ N-1,\ N=b$$

并记 k 点在单元坐标系及局部坐标系下的内力分别为

$$P^k(\lambda)=\begin{bmatrix}F^k\\M^k\end{bmatrix}=\begin{bmatrix}F_1^k\\F_2^k\\F_3^k\\M_1^k\\M_2^k\\M_3^k\end{bmatrix} \qquad P^k(\xi)=\begin{bmatrix}f^k\\m^k\end{bmatrix}=\begin{bmatrix}f_1^k\\f_2^k\\f_3^k\\m_1^k\\m_2^k\\m_3^k\end{bmatrix}$$

$$W=W(\lambda)=[R_\lambda]W(x)=\begin{bmatrix}W_1\\W_2\\W_3\end{bmatrix}$$

95

根据式（3-63），单元 ab 上一点 s 的内力在单元坐标系下为

$$F = -F_a - rW$$

$$M = -M_a - F_a \times u - W \times v$$

$$= -M_a + (F + rW) \times u - W \times v \quad (3\text{-}86)$$

$$= -M_a - F \times u - W \times z$$

其中 r、u、z 由式（3-64）与式（3-65）定义

$$z = ru - v$$

1. 直管单元内力

$$z = \begin{bmatrix} z_1 \\ z_2 \\ z_3 \end{bmatrix} = ru - v = \begin{bmatrix} \dfrac{1}{2}\left(\dfrac{l}{2} + s\right)^2 \\ 0 \\ 0 \end{bmatrix} \quad (3\text{-}87)$$

由于 $\qquad \left[R_\xi \right] = J \qquad$ 在 k 点上 $\dfrac{l}{2} + s = \dfrac{kl}{N}$

故由式（3-86）、式（3-87）及 $f(\xi) = [R_\xi]F(\lambda)$、$m(\xi) = \left[R_\xi \right]M(\lambda)$ 得出

$$f_j^0 = F_j^0 = -F_j^a$$

$$f_j^k = f_j^{k-1} - \frac{l}{N}W_j$$

$$m_j^0 = M_j^0 = -M_j^a$$

$$m_1^k = M_1^k = -M_1^a = m_1^0$$

$$m_2^k = m_2^{k-1} + \frac{1}{N}\left(f_3^{k-1} - \frac{l}{2N}W_3 \right)$$

$$m_3^k = m_3^{k-1} - \frac{1}{N}\left(f_2^{k-1} - \frac{l}{2N}W_2 \right)$$

其中 $\quad k=1,2,\cdots,N$；$j=1,2,3$。

2. 弯管单元内力

$$\left[R_\xi \right] = \begin{bmatrix} \cos\dfrac{S}{R} & \sin\dfrac{S}{R} & 0 \\ -\sin\dfrac{S}{R} & \cos\dfrac{S}{R} & 0 \\ 0 & 0 & 1 \end{bmatrix}$$

$$\left[R_\xi \right]_6 = \begin{bmatrix} \left[R_\xi \right] & \\ & \left[R_\xi \right] \end{bmatrix}$$

$$z = \begin{bmatrix} z_1 \\ z_2 \\ z_3 \end{bmatrix} = \boldsymbol{ru} - \boldsymbol{v} = \begin{bmatrix} R^2 \left[\cos\dfrac{\varphi}{2} - \cos\dfrac{S}{R} + \left(\dfrac{\varphi}{2} + \dfrac{S}{R} \right) \sin\dfrac{\varphi}{2} \right] \\[2ex] R^2 \left[\left(\dfrac{\varphi}{2} + \dfrac{S}{R} \right) \cos\dfrac{\varphi}{2} - \sin\dfrac{\varphi}{2} - \sin\dfrac{S}{R} \right] \\[2ex] 0 \end{bmatrix}$$

由式（3-86）在局部坐标系下 ab 上任一点 s 上的内力为

$$\boldsymbol{P}(\boldsymbol{\xi}) = \begin{bmatrix} f \\ m \end{bmatrix} = \left[R_\xi \right]_6 \boldsymbol{P}(\boldsymbol{\lambda}) = \begin{bmatrix} \left[R_\xi \right] & \\ & \left[R_\xi \right] \end{bmatrix} \begin{bmatrix} F \\ M \end{bmatrix} = \begin{bmatrix} \left[R_\xi \right] F \\ \left[R_\xi \right] M \end{bmatrix}$$

即

$$f = \left[R_\xi \right] F = -\left[R_\xi \right] \left[F_a + R \left(\dfrac{\varphi}{R} + \dfrac{S}{R} \right) W \right]$$

$$m = \left[R_\xi \right] M = -\left[R_\xi \right] M_a + \left[R_\xi \right] r_u F + \left[R_\xi \right] r_z W = -\left[R_\xi \right] M_a + Yf + zW$$

$$(3\text{-}88)$$

式中：

$$\boldsymbol{Y} = \left[R_\xi \right] r_u \left[R_\xi \right]^{\mathrm{T}} = \begin{bmatrix} 0 & 0 & Y_{13} \\ 0 & 0 & Y_{23} \\ Y_{31} & Y_{32} & 0 \end{bmatrix}$$

其中

$$Y_{13} = -Y_{31} = 1 - \cos\left(\dfrac{\varphi}{2} + \dfrac{S}{R} \right)$$

$$Y_{23} = -Y_{32} = \sin\left(\dfrac{\varphi}{2} + \dfrac{S}{R} \right)$$

$$\boldsymbol{z} = \left[R_\xi \right] r_z = \begin{bmatrix} 0 & 0 & z_{13} \\ 0 & 0 & z_{23} \\ z_{31} & z_{32} & 0 \end{bmatrix}$$

$$z_{13} = \sin\left(\frac{\varphi}{2}+\frac{S}{R}\right) - \left(\frac{\varphi}{2}+\frac{S}{R}\right)\cos\left(\frac{\varphi}{2}+\frac{S}{R}\right)$$

$$z_{23} = \cos\left(\frac{\varphi}{2}+\frac{S}{R}\right) - 1 + \left(\frac{\varphi}{2}+\frac{S}{R}\right)\sin\left(\frac{\varphi}{2}+\frac{S}{R}\right)$$

其中

$$z_{31} = -\sin\frac{\varphi}{2} - \sin\frac{S}{R} + \left(\frac{\varphi}{2}+\frac{S}{R}\right)\cos\frac{\varphi}{2}$$

$$z_{32} = -\cos\frac{\varphi}{2} - \cos\frac{S}{R} - \left(\frac{\varphi}{2}+\frac{S}{R}\right)\sin\frac{\varphi}{2}$$

又由于在 k 点上有 $\left(\frac{\varphi}{2}+\frac{S}{R}\right)=\frac{k\varphi}{N}$ 得

$$f_k = -\left[R_\xi\right]_k\left(F_a + \frac{Rk\varphi}{N}W\right)$$

$$m_k = -\left[R_\xi\right]_k M_a + Y_k f_k + z_k W$$ (3-89)

其中

$$\left[R_\xi\right]_k = \begin{bmatrix} \cos\left(\frac{k}{N}-\frac{1}{2}\right)\varphi & \sin\left(\frac{k}{N}-\frac{1}{2}\right)\varphi & 0 \\ -\sin\left(\frac{k}{N}-\frac{1}{2}\right)\varphi & \cos\left(\frac{k}{N}-\frac{1}{2}\right)\varphi & 0 \\ 0 & 0 & 1 \end{bmatrix}$$

$$Y_k = \begin{bmatrix} 0 & 0 & Y_{k13} \\ 0 & 0 & Y_{k23} \\ Y_{k31} & Y_{k32} & 0 \end{bmatrix}$$

$$Y_{k13} = -Y_{k31} = 1 - \cos\frac{k\varphi}{N}$$

$$Y_{k23} = -Y_{k32} = \sin\frac{k\varphi}{N}$$

$$z_k = \begin{bmatrix} 0 & 0 & z_{k13} \\ 0 & 0 & z_{k23} \\ z_{k31} & z_{k32} & 0 \end{bmatrix}$$

$$z_{k13} = \sin\frac{k\varphi}{N} - \frac{k\varphi}{N}\cos\frac{k\varphi}{N}$$

$$z_{k23} = \cos\frac{k\varphi}{N} - 1 + \frac{k\varphi}{N}\sin\frac{k\varphi}{N}$$

$$z_{k31} = -\sin\frac{\varphi}{2} - \sin\left(\frac{k}{N}-\frac{1}{2}\right)\varphi + \frac{k\varphi}{N}\cos\frac{\varphi}{2}$$

$$z_{k32} = -\cos\frac{\varphi}{2} - \cos\left(\frac{k}{N}-\frac{1}{2}\right)\varphi - \frac{k\varphi}{N}\sin\frac{\varphi}{2}$$

用 φ 表示

$$\varphi = \begin{bmatrix} \cos\dfrac{\varphi}{N} & \sin\dfrac{\varphi}{N} & 0 \\[2mm] -\sin\dfrac{\varphi}{N} & \cos\dfrac{\varphi}{N} & 0 \\[2mm] 0 & 0 & 1 \end{bmatrix}$$

则有

$$\varphi\left[R_\xi\right]_{k-1} = \left[R_\xi\right]_k$$

$$\varphi^{\mathrm{T}}\varphi = \varphi\varphi^{\mathrm{T}} = J$$

于是可得

$$f_k = -\varphi\left[R_\xi\right]_{k-1}\left[F_a + \frac{k-1}{N}R\varphi W\right] - \frac{R\varphi}{N}\left[R_\xi\right]_k W = \varphi f_{k-1} - \frac{R\varphi}{N}\left[R_\xi\right]_k W \quad （3\text{-}90）$$

$$m_k = \varphi(-[R_\xi]_{k-1}M_a + Y_{k-1}f_{k-1} + z_{k-1}W) - \varphi Y_{k-1}f_{k-1} - \varphi z_{k-1}W + Y_k(\varphi f_{k-1} - \frac{R\varphi}{N}[R_\xi]_k W) + Z_k W$$

$$= \varphi m_{k-1} + (Y_k\varphi - \varphi Y_{k-1})f_{k-1} + \left(z_k - \varphi z_{k-1} - \frac{R\varphi}{N}Y_k\left[R_\xi\right]_k\right)W$$

$$= \varphi m_{k-1} + \Psi f_{k-1} + X\left[R_\xi\right]_k W$$

式中

$$\Psi = Y_k\varphi - \varphi Y_{k-1} = \begin{bmatrix} 0 & 0 & \Psi_{13} \\ 0 & 0 & \Psi_{23} \\ \Psi_{31} & \Psi_{32} & 0 \end{bmatrix}$$

其中

$$\Psi_{13} = -\Psi_{31} = 1 - \cos\frac{\varphi}{N}$$

$$\Psi_{23} = -\Psi_{32} = \sin\frac{\varphi}{N}$$

$$X = (z_k - \varphi z_{k-1})\left[R_\xi\right]_k^{\mathrm{T}} - \frac{R\varphi}{N}Y_k = \begin{bmatrix} 0 & 0 & X_{13} \\ 0 & 0 & X_{23} \\ X_{31} & X_{32} & 0 \end{bmatrix}$$

$$X_{13} = -X_{31} = \sin\frac{\varphi}{N} - \frac{\varphi}{N}$$

$$X_{23} = -X_{32} = \cos\frac{\varphi}{N} - 1$$

故对弯管单元可推导出以此计算分点 a=0,1,2,3,…,N; N=b 上的内力公式如下

记
$$[R] = \begin{bmatrix} [R_\xi]_0 & \\ & [R_\xi]_0 \end{bmatrix}$$

$$P_0(\xi) = -[R]P_a(\lambda) = -\begin{bmatrix} [R_\xi]_0 & \\ & [R_\xi]_0 \end{bmatrix}\begin{bmatrix} F_a \\ M_a \end{bmatrix} = \begin{bmatrix} f_0 \\ m_0 \end{bmatrix} \qquad (3\text{-}91)$$

$$f_0 = -[R_\xi]_0 F_a$$
$$m_0 = -[R_\xi]_0 M_a$$
$$Q_0 = [R_\xi]_0 W$$
$$Q_k = \varphi Q_{k-1} \qquad\qquad k = 0,1,2,3,\cdots,N$$
$$f_k = \varphi f_{k-1} - \frac{R\varphi}{N}Q_k$$
$$m_k = \varphi m_{k-1} + \psi f_{k-1} + X Q_k$$

式中
$$[R_\xi]_0 = \begin{bmatrix} \cos\frac{\varphi}{2} & -\sin\frac{\varphi}{2} & 0 \\ \sin\frac{\varphi}{2} & \cos\frac{\varphi}{2} & 0 \\ 0 & 0 & 1 \end{bmatrix}$$

3. 计算管道节点力

在得出单元两端的杆端力后，将在同一节点上所有单元的杆端力进行叠加就得到了节点力。对一般节点，节点力为零，对约束点节点力反号，即为约束（支吊架）装置荷载。

十、管道应力验算

管道结构上的任意一点，都处于复杂的应力状态下，其强度是由各方向的应力决定的，为了使管系中各单元的应力都在安全范围以内，应力验算点应选用单元上应力最危险的截面上。它应根据各点的合成力矩，并考虑应力增强系数及纵

向焊缝减弱系数的影响，通过比较来确定。在一般情况下，应力最大的点即作为验算点，但是，对于几种不同管种（温度、压力、材料、规格等不同）组成的管系，由于各种管材的许用应力不同，验算点应选在强度最薄弱的点上，即在管系上应力超过许用应力或最接近许用应力的地方，以确保计算管系的安全。

在求得单元上各分点的内力后，由其力矩分量计算验算点的合成力矩。

验算直管元件，弯管和弯头合成弯矩可按下式计算

$$M_j = \sqrt{M_{xj}^2 + M_{yj}^2 + M_{zj}^2} \tag{3-92}$$
$$j = A、B、C$$

式中 A ——由于重力和其他持续外载作用在管子横截面上的力矩；

B ——由于安全阀或释放阀的反座推力，管道内流量和压力的瞬时变化和地震等产生的偶然荷载作用在管子横截面上的力矩；

C ——由全补偿值和钢材在20℃的弹性模量计算的由热胀引起的力矩。

管道截面抗弯矩为

$$W = \frac{\pi}{32D_0}(D_0^4 - D_i^4) \tag{3-93}$$

式中 D_0 ——管子外径，mm；

D_i ——管子内径，mm。

对于等径三通按照上式分别计算各分支管的合成力矩，可按三通的交叉点取值。

对于不等径三通亦应分别计算主管两侧和支管的合成力矩。但是，由于支管与主管尺寸不同，应力验算点取在三通交叉点靠支管侧还是靠主管侧，需进行比较，根据最大应力来确定，因此，还需要计算相应的截面抗弯矩，其中支管的当量截面抗弯矩为

$$W = \pi (r_{mb})^2 S_b \tag{3-94}$$

式中 r_{mb} ——支管平均半径，mm；

S_b ——支管当量壁厚，取用主管壁厚 S_{nb} 或主管壁厚 $S_{nb} \times I$，两者的较小值，mm。

对于与三通支管连接的计算分支作用于三通交叉点的力矩，用 M_{x3}、M_{y3}、

101

M_{z3} 表示。

$$M_A(M_B 或 M_C) = \sqrt{M_{x3}^2 + M_{y3}^2 + M_{z3}^2}$$

对于与三通主管连接的两个分支，作用于三通交叉点的力矩，分别用 M_{x1}、M_{y1}、M_{z1} 和 M_{x2}、M_{y2}、M_{z2} 表示。

管子截面抗弯矩按式（3-93）计算。

$$M_A(M_B 或 M_C) = \sqrt{M_{x1}^2 + M_{y1}^2 + M_{z1}^2}$$

及 $$M_A(M_B 或 M_C) = \sqrt{M_{x2}^2 + M_{y2}^2 + M_{z2}^2} \tag{3-95}$$

（一）一次应力验算

管道承受内压和其他外载（持续荷载、临时荷载、偶然荷载等）作用下产生的应力，属于一次应力，一次应力是有自限性的，超过某一限度将使管道变形直至破坏。因此，必须为不发生材料屈服而留有适当的裕变，以防止过度的塑性变形而导致管道失效或破坏。一次应力验算采用极限分析，一般进行下列几项验算。

1. 管道在内压下的应力验算

管道在工作状态下，由内压产生的折算应力，不得大于钢材在设计温度下的许用应力。

$$\sigma_{eq} = \frac{P[0.5D_0 - Y(S-a)]}{\eta(S-a)} \leqslant [\sigma]^t \tag{3-96}$$

式中　σ_{eq}——内压折算应力，MPa；

　　P——设计压力，MPa；

　　D_0——管子外径，mm；

　　S——管子实测最小壁厚，mm；

　　a——有腐蚀、磨损和机械强度要求的附加厚度，mm；

　　$[\sigma]^t$——钢材在设计温度下的许用应力，MPa；

　　Y——温度对计算管子壁厚公式的修正系数；

　　η——许用应力修正系数。

对于铁素体钢：$\leqslant 480℃$时，$Y=0.4$；$510℃$时，$Y=0.5$；$\geqslant 538℃$时，$Y=0.7$。

对于奥氏体钢：$\leqslant 566℃$时，$Y=0.4$；$593℃$时，$Y=0.5$；$\geqslant 621℃$时，$Y=0.7$。

中间温度的 Y 值可用内插法计算，当管子的 $D_0/S_m < 6$ 时（S_m 为直管的最小壁厚，mm，对于设计温度 ≤480℃ 的铁素体和奥氏体钢其 Y 值应按下式计算

$$Y = D_i/(D_i + D_0)$$

承受内压的管道，在管壁上产生三个相互垂直的正应力，即内压周向应力、内压轴向应力和内压径向应力，其中，内压周向应力最大，内压径向应力最小，按照最大剪应力理论和以管壁平均应力为基础，计算组合应力的当量强度（即内压折算应力），应用极限分析，内压折算应力超过钢材的屈服极限或持久强度，就会使管道直径增大，管壁变薄甚至破坏。为留一定的裕度，对内压折算应力的限定，应不超过钢材在计算强度下的基本许用应力。这个验算条件，实质上就是要求管子具有足够的壁厚。即只要实际采用的管子壁厚不小于管子计算壁厚，自然就能满足这个验算条件。

在水压试验的内压下，管道的环向应力值不应大于材料在试验温度下屈服强度的 90%。

2. 管道在持续荷载下的应力验算

管道在工作状态下，由持续荷载即内压、重力和其他持续外载产生的应力验算。

管道在内压作用下，管壁将产生内压周向应力，内压轴向应力和内压径向应力，在持续荷载作用下，将产生持续外载轴向应力、弯曲应力和扭转应力。其中，由于外载产生的扭转应力很小，可以认为外载弯曲应力和扭转应力组合的当量应力方向，基本上是沿管子轴向的，因此，管道在内压和持续外载联合作用下，管壁上的三个主应力仍为周向应力，轴向应力（包括内压轴向应力、持续外载轴向应力和当量应力）内压径向应力。

管道在工作状态下，由持续荷载即内压、重力和其他持续外载产生的轴向应力之和必须满足下式要求

$$\sigma_L = \frac{PD_i^2}{D_0^2 - D_i^2} + 0.75 \frac{iM_A}{W} \leqslant 1.0[\sigma]^t \qquad (3-97)$$

式中　P——设计压力，MPa；

　　　D_0——管子外径，mm；

　　　D_i——管子内径，mm；

M_A——由于重力和其他持续外载作用在管子横截面上的合成力矩，N·mm；

W——管子截面抗弯矩，mm^3；

$[\sigma]^t$——钢材在设计温度下的许用应力，MPa；

i——应力增强系数，$0.75i$ 不得小于1；

σ_L——由内压、重力和其他持续外载能产生的轴向应力之和，MPa。

在水压试验内压、重力和其他持续荷载产生的管道轴向应力，不应大于材料在试验温度下屈服强度的90%。

3. 管道在有偶然荷载作用时的应力验算

管道在工作状态下受到的荷载作用，亦即由内压、重力、其他持续外载和偶然荷载，包括地震等所产生应力之和，必须满足下式要求

$$\frac{PD_i^2}{D_0^2 - D_i^2} + 0.75\frac{iM_A}{W} + 0.75\frac{iM_B}{W} \leqslant K[\sigma]^t \qquad (3\text{-}98)$$

其他符号定义同式（3-97）。

式中　K——系数，在管道正常允许的运行压力波动范围内，且内压产生的环向应力未超过相应温度下的许用应力，当偶然荷载作用时间，任何一次不超过8h，并且不超过800h（连续12个月）K 取1.15；当偶然荷载作用时间，任何一次不超过1h，并且不超过80h（连续12个月）K 取1.20。

M_B——由于安全阀或释放阀的反座推力，管道内流量和压力的瞬时变化和地震等产生的偶然荷载作用在管子横截面上的合成力矩，N·mm。当地震设防烈度为8度及以上时，应考虑地震对管道的影响。在验算时，M_B 中的地震力矩只取用变化范围的一半。

（二）管系热胀应力范围的验算

1. 热胀应力范围

管道由于热胀冷缩及其他位移受约束而产生的应力（即热胀当量应力）属于二次应力，它的特征是有自限性，二次应力产生的破坏，是在反复交变应力作用下引起的疲劳破坏。对于二次应力的限定，只采用许用应力范围和一定的

交变循环次数。

由于热胀当量应力是按管系由冷状态至工作状态或由工作状态至冷状态的全补偿值计算，所以它又称为热胀应力范围。管系热胀应力范围必须满足下式要求

$$\sigma_E = \frac{iM_c}{W} \leqslant f[1.2[\sigma]^{20} + 0.2[\sigma]^{t} + ([\sigma]^{t} - \sigma_L)] \tag{3-99}$$

式中　　M_c——按全补偿值和钢材在 20℃时的弹性模数计算的，热胀引起的合成力矩范围，N·mm；

σ_E——热胀应力范围，MPa；

$[\sigma]^{20}$——钢材在 20℃时的许用应力，MPa；

f——热胀应力范围的减小系数。

管系上由于温度不均匀的纵向温度梯度或内外壁径向温差产生的应力以及管道与连接件有不同线膨胀系数而产生的热应力，也属于二次应力，设计时应尽量加以避免，在火力发电厂和其他工业企业的热力管道设计中，对这几项二次应力一般不单独验算。

2．许用应力范围

二次应力对管道是一个反复交变的作用，即随着管道的启停而产生多次重复的冷热交变应力。

如果热胀和其他位移受约束而产生的应变还没有达到屈服极限，若管系没有进行冷紧，此应变全在热态，若管系进行100%冷系，此应变全在冷态。当然，管系进行 50%冷紧，此应变一半在热态，另一半在冷态。如果热胀产生的初应力相当大时，在热态就会由于屈服、蠕变和应力松弛而使应力降低下来，热态能降低应力之处，在冷态就会产生反方向的应力，这种现象称为管系的自拉。

虽然热胀应力在热态随时间的推延而降低，但是，冷热态的应变会自行调整到一定的均衡而稳定下来，热胀应变在热态和冷态之和在每一个冷热交变循环基本上是不变的，此冷热态应变之和称为应变范围，为了计算的方便，采用冷热应力之和作为应力范围。因此，对于这类应力的限定，并不是一个时期的应力水平，而是要控制冷热态的应变在一定的应力范围和一定的交变次数，才

能使管系安全运行而不产生疲劳损坏。

管系设计并不需要按恒定的应力强度来考虑，因为高温下的热胀应力并不恒定，而且管系的应力松弛是个未知数，不可能有准确的判定，所以，管系在热态或冷态的实际应力很难用计算的方法确定，但是，应力范围可以通过弹性分析来进行计算。

许用应力范围为

$$f\{1.2[\sigma]^{20} + 0.2[\sigma]^t + ([\sigma]^t - \sigma_L)\} \tag{3-100}$$

式中　$[\sigma]^{20}$ ——钢材在 20℃ 时的许用应力，MPa；

　　$[\sigma]^t$ ——钢材在计算温度下的许用应力，MPa；

　　σ_L ——管道在工作状态下，由持续荷载产生的轴向应力；

　　f ——应力范围减小系数。

预期电厂在运行年限内，f 系数与管道全温度周期性的交变次数 N 有关（见表 3-2）

$$N \leqslant 2500 \text{ 次，} f=1$$

当　　　　　　　$N > 2500 \text{ 次，} f=4.78\,N^{-0.2} \tag{3-101}$

如果温度变化的幅度有变动，可按下式计算当量全温度交变次数 N

$$N = N_E + r_1^5\,N_1 + r_2^5\,N_2 + \cdots + r_n^5\,N_n$$

式中　　　　　N_E ——计算热胀应力范围 σ_E 时，用全温度变化 ΔT_E 的交变次数；

N_1、N_2、$\cdots$、N_n ——各温度变化 $\Delta T_1 \cdots \Delta T_n$ 的交变次数；

r_1、r_2、$\cdots$、r_n ——各温度变化与全温度范围的比值 $\dfrac{\Delta T_1}{\Delta T_E} \cdots \dfrac{\Delta T_n}{\Delta T_E}$。

表 3-2　　　　　　　交变次数 N 与应力范围减小系数 f

交变次数 N	应力范围减小系数 f
≤2500	1
4000	0.9
7500	0.8
15000	0.7

十一、管道对约束装置（支吊架）的作用

（一）管道约束装置（支吊架）的荷载计算

管道的约束装置（支吊架）都对其作用点产生约束，约束节点的一个自由度或几个自由度。管道节点位移受约束，管道对约束装置（支吊架）就作用有荷载，在前述利用单元平衡位移，求得单元的杆端力后，将具有相同节点号的杆端力叠加，对自由点叠加后的节点力为零，对于约束点存在不平衡力，这个力就是约束装置（支吊架）对管道的作用力，其反作用力就是管道对约束装置（支吊架）的荷载。

管道约束装置（支吊架）荷载主要包括以下各项：

（1）管道在运行初期工作状态下，作用于约束装置（支吊架）的荷载，考虑了重力、热胀、端点附加位移及有效冷紧的影响。

（2）管道在运行初期冷状态下，作用于约束装置（支吊架）的荷载，考虑了重力、冷紧及弹簧附加力的影响

（3）管道在应变自均衡后工作状态下，作用于刚性约束装置（支吊架）的荷载。

（4）管道在应变自均衡后冷状态下，作用于刚性约束装置（支吊架）的荷载。

（5）管道在临时荷载（试验时的水重等）作用下，约束装置（支吊架）所承受的荷载。

（6）管道在偶然荷载（安全门排放荷载、风荷载、静力地震荷载等）作用下，约束装置（支吊架）所承受的荷载。

计算出上述各项荷载后，根据约束装置（支吊架）强度计算或型号选　择的要求，还应按照规程规定给出的方法，计算约束装置（支吊架）的结构荷载。

只含临时荷载或偶然荷载作用下，约束装置（支吊架）的荷载及管道对设备（或端点）的推力，该荷载在哪一状态下发生还应叠加相应状态下的约束装置（支吊架）的荷载及管道对设备（或端点）的推力。

（二）管道的基本状态

（1）管道运行初期冷状态；

（2）管道运行初期工作状态；

（3）管道应变自均衡后冷状态；

（4）管道应变自均衡后工作状态。

（三）管道的状态线

引起管道变形位移的因素，主要有管道端点附加位移、管道热胀冷缩、管道冷紧、管道支吊架附加力等。上述因素并非在各种管道状态中都存在。不同状态下的管道，由于管道变形因素的不同组合叠加，管线呈现不同形状，某一状态下的管线形状称为该状态下的管道状态线。可分为以下状态线。

1. 管道设计线

在进行管道设计时，管道被看作无重量的弹性线，不考虑任何变形位移因素的管道状态线称为管道设计线。这是理想的、理论上的管道的设计状态线。

2. 管道安装线

根据管道设计线，考虑管道疏放水坡度的坡切和管道冷紧的切管后，管道位置就不是管道设计线的位置，它是管道安装时（冷紧前）的实际位置，这时的管道状态线称为管道的安装线。水平管道安装后就成为稍微倾斜的管道，它与垂直管段的夹角不再是 90°，垂直管段的长度亦要相应缩短。此时的弹簧为锁死状态。管道安装线作为管道配管设计、制作安装的依据。

3. 管道冷态线

管道冷态线是以管道安装线为基础，管道在自重、支吊架在冷态的附加力和冷紧引起管道变形位移叠加时的管道状态线。此时冷紧对口已经完成，弹簧销锁已经松开，应力重新分布，管道达到冷态自均衡。管道从安装线到冷态线位移称为冷位移，对应的管道荷载称为冷态荷载。

4. 管道热态线

管道热态（运行、操作）线是以管道冷态线为基础，考虑管道热膨胀和管道端点附加位移引起管道变形位移叠加时的管道状态线。此时管道在设计压力、设计温度下，发生热膨胀，产生热位移和热胀应力（二次应力），管道部分约束荷载发生转移，管道应力重新分布，管道达到热态自均衡状态。管道从冷态线到热态线的位移称为热位移，对应的管道荷载称为热态（运行、操作）荷载。

十二、管道对设备（或端点）的推力计算

管道对所连接设备的作用力和力矩应在制造厂设备安全承受的范围内。

管道对容器管口上的作用力和力矩应作为校核容器强度的依据条件。

（一）管道对设备（或端点）的推力计算原则

（1）按热胀、端点附加位移，有效冷紧，自重和其他持续外载及支吊架反力作用的条件，计算管道运行初期工作状态下的推力。

（2）按冷紧、自重和其他持续外载及支吊架反力作用的条件，计算管道运行初期冷状态下的推力。

（3）按应变自均衡、自重和其他持续外载及支吊架反力作用的条件计算管道应变自均衡后在冷状态下的推力。

计算出的工作状态和冷状态下推力的最大值应能满足设备安全承受的要求，当数根管道同设备相连时，管道在工作状态和冷状态推力的最大值，应按设备和各连接管道可能出现的运行工况分别计算和进行组合。

偶然荷载引起的推力，如指安全阀或释放阀的排放和管道内流量和压力的瞬时变化所作用的，则属于非周期性的荷载，通常不必满足设备的许用值，但可在计算管道对设备（或端点）的推力表中加以注明。

（二）推力计算公式

（1）对于无冷紧的管道，则管系在工作状态下对设备（或端点）的推力（或力矩）

$$P_t = -\frac{E_t}{E_{20}} P_j \qquad (3\text{-}102)$$

式中　E_t——钢材在计算温度下的弹性模量；

　　E_{20}——钢材在20℃的弹性模量。

（2）如果管系各方面（沿座轴 x、y、z）采用相同冷紧比，并考虑冷紧有效系数为 2/3 时，则管系在工作状态下对设备（或端点）的推力（或力矩）

$$P_t = -\left(1 - \frac{2}{3}r\right)\frac{E_t}{E_{20}}P_j \qquad (3\text{-}103)$$

以上两式负号表示 P_t 与 P_j 方向相反。

如果管系各方面（沿座轴 x、y、z）采用相同冷紧比时，则管系在冷状态下对设备（或端点）的推力（或力矩）P'_{20} 计算式为，即冷紧力

$$P'_{20} = rP_j$$

式中　r——冷紧比，r=冷紧值/全补偿值，一般不小于 0.7。

（3）冷状态下应变自均衡后的自拉力（或力矩）

$$P_{20} = \left(1 - \frac{[\sigma]^t}{\sigma_E} \times \frac{E_{20}}{E_t}\right)P_j \qquad (3\text{-}104)$$

式中　σ_E——热胀应力范围，MPa。

当 $\dfrac{[\sigma]^t}{\sigma_E} \times \dfrac{E_{20}}{E_t} < 1$ 时，冷状态下管道对设备的推力（或力矩）取 P'_{20} 与 P_{20} 较大者。

当 $\dfrac{[\sigma]^t}{\sigma_E} \times \dfrac{E_{20}}{E_t} \gg 1$ 时，取用 P'_{20}。

P_j 计算端点对管道的热胀作用力（或力矩），按全补偿值和钢材在 20℃时的弹性模量计算。

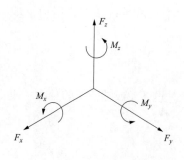

图 3-14　设备接口局部
坐标系荷载图

（三）限制推力标值

管道对设备接口的推力，制造厂通常提出以下几种许用荷载的限定方法：

（1）直接给出接口局部坐标系的许用荷载。

如图 3-14 所示：其中轴向力为 F_x，剪力为 F_y、F_z 或 $\sqrt{F_y^2 + F_z^2}$；扭矩为 M_x，弯矩为 M_y、M_z 或 $\sqrt{M_y^2 + M_z^2}$

（2）满足下式的规定

$$\frac{F_i}{F_0} + \frac{M_i}{M_0} \leqslant 1 \qquad (3\text{-}105)$$

式中　F_i——作用于接口处直角坐标系三个作用分力的最大值；

F_0——设备接口处的最大允许作用力；

M_i——作用于接口处的三个力矩的最大值；

M_0——设备接口处的最大允许作用力矩。

（3）满足下式的规定

$$F_{\mathrm{R}} = \frac{M_0 - M_{\mathrm{R}}}{M_0 / F_0} \qquad (3\text{-}106)$$

式中　F_0——设备接口处的最大允许作用力；

M_0——设备接口处的最大允许作用力矩。

合成力　　　　　$F_{\mathrm{R}} = \sqrt{F_x^2 + F_y^2 + F_z^2}$

合成力矩　　　　$M_{\mathrm{R}} = \sqrt{M_x^2 + M_y^2 + M_z^2}$

必须在图 3-15 中三角形的阴影之内

管道运行温度越高或管子（外径或壁厚）越大，管道对设备（或端点）的推力就越大，管道的展开长度愈小则推力愈大，管道内的介质参数和管子规格一般不能改变，但管道展开长度可以改变。因此，管系布置应柔软一些，利用管道的弯曲或扭转变形来自然补偿热胀或冷缩，使管道对设备（或端点）的推力降低下来。

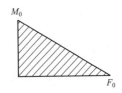

图 3-15　设备接口允许力、力矩范围图

在不计及持续外载的条件下，当管系没有进行冷紧时在冷状态就不产生推力，管系的热胀应变均集中在热态，只有热态才会产生对设备（或端点）的推力，但是，如果管系安装时已进行 50%的有效冷紧，那么管系的热胀应变将一半在冷态，另一半在热态。

如果热胀应力没有超过钢材的屈服极限，则冷、热态的推力可以认为自始至终保持不变。如果热胀应力超过钢材的屈服极限或由于高温蠕变下的应力松弛而产生塑性应变，都会使管系在热态对设备（或端点）的推力降低下来。

管系在热态能降低下来的推力，回到冷态时又会产生反方向的推力，这就是管系的自拉现象。

若管系进行 100%的冷紧，而冷紧力使管系局部产生冷态屈服，那么在热态也会产生推力。可见，自拉现象既可发生在冷态也可发生在热态。

一般情况下，管系经过次数不多的冷热态交变和不很长的运行时间，由于材料屈服、应力松弛和管系自拉的作用，就会使管系冷热应变自行调整到均衡并保持恒定。

核算管系对设备（或端点）的推力时都应取用管系在整个运行期间（冷态和热态）可能出现的最大值。

对于热态，无论是蠕变温度下的管系还是非蠕变温度下的管系，都可以认为推力的最大值出现在初期状态时热态，因初期热态的推力总是大于松弛后热态的推力。

对于冷态最大值可能出现在初期冷态，也可能出现在松弛后冷态，要比较两者取最大值。对于固定支吊架两侧的管道进行分别计算的情况，要对两侧管道对固定支架的推力进行合力计算。合力作为固定支架的荷载。

（四）减小管道对设备（或端点）推力的方法

1. 采用管道冷紧

冷紧可以减少管道运行初期在工作状态下的对设备（或端点）的推力，使管系能较迅速地达到冷热态应变的自均衡，这对管系的安全运行是相当有利的，冷紧可以作为防止管系产生弹性转移和局部过应变的一项措施。

2. 采用管道限位装置

合理的选择管道的限位装置，可以降低管道在某些方向上的推力。例如，在管道的适当地点加装刚性吊架（或支架）、刚性拉撑、导向支架、限位支架等，以限定管系在某些方向的位移，从而改变管系作用力的重新分配，减少管道对设备（或端点）的推力。

加装限位装置还可以增加管系的稳定性，避免管系的支承装置的荷载误差或转移而造成管系失效或下垂的现象。

3. 改变管道布置

改变管道局部布置，是管系更柔软一些，使管系的零力矩线接近设备接口，可以使管道对设备（或端点）的推力降低下来。但是，改变布置一般均需增加管道长度，增加钢材的消耗量，增大投资费用，这是不经济的，只有迫不得已才采用这一措施。

4. 装设管道补偿装置

随着技术的进步和工艺水平的提高，管道补偿装置的品种越来越多，性能越来越完善，给设计选用带来了方便，在管道规格比较大且布置空间比较紧张的情况下，加设补偿装置是一种有效的措施。

5. 管道弹性约束装置（支吊架）给定荷载

在靠近设备接口处的刚性支吊架荷载，若采用"吊零"的方法分配，加装吊架的目的是想减少作用于设备接口处的推力，结果适得其反，推力非但没有减少，反而增大了。因为管道刚度较大，支吊架处的垂直方向变位不可能为零，要使它为零就会出现失重现象，支吊架承受很大的向上作用力，设备接口处就作用一个大小与支吊架荷载相等的向下作用力，解决这一问题可以采用弹性支吊架给定荷载的方法。

（五）对设备（或端点）的推力和力矩超载的处理

对连接设备的推力和力矩超过允许值，可试用以下几个方法处理：

（1）对于同一个力（或力矩）分量的冷、热两种状态的代数差值超过设备对冷状态和热状态的允许推力（力矩）值之和时，一般为管道的柔度不够，可考虑改变管线布置，增加管道柔性。

（2）调整冷、热态力（力矩）值的比例时，可试用改变冷紧比的方法。

（3）对于垂直方向的推力过大时，可调整端点相邻弹性支吊架的荷载（用给定荷载的方法）来改变推力。

（4）对于水平方向的推力过大时，可在离开端点一定距离后，装设相应方向的限位支架来隔离推力。

（5）对于作用力矩过大时，应分析力矩方向及变形方向，用产生相反力矩（或变形）的限位支架来减少力矩。由于单个限位支架不能完全隔离力矩，可以用两个或多个限位支架或配合以预拉限位来解决。

随着国民经济的快速发展和人民生活水平的提高，人们对环境质量的要求不断提高。各国对环境噪声控制标准逐渐趋严，噪声污染在工矿企业广泛存在，是工矿企业环境监测的主要对象之一，噪声水平是业主对工程项目验收的重要指标之一。振动与噪声有着十分密切的关系，振动源同时也是噪声源。若振源直接与空气接触，形成声波的辐射，称为空气声。若振源的振动以弹性波的形式在固体中传播，并在与空气接触的界面处再引起声辐射，称为固体声，也称为结构噪声。因此，隔绝振动在固体构件中的传递，改变固体界面声辐射效率均有利于控制噪声，所以降噪问题实质上也是一个减振、隔振的问题。振动对环境的污染，首先是振动会引起强烈的空气噪声。工矿企业内噪声属于中高强度噪声，具有分布范围广、种类复杂、辐射面广、直接或间接叠加超标声源多等特点，必须对各类声源特性进行详细分析，探寻各类声源与厂界噪声和敏感点噪声的相关关系，有针对性地对重点声源提出相应的有效控制措施。以往对噪声的控制，侧重于施工机械、转动机器、道路车辆等产生的噪声控制，这方面也取得了显著的成效，这些噪声在控制到一定水平后再进一步降低越来越难，而且控制成本亦逐步高启。在这种状况下，各种工矿企业中工艺管道的振动和噪声问题变得越来越突出，甚至超过了采取降噪措施后的机器的噪声。目前为止，管道设计者都非常重视管道的应力是否合格，管道的位移和推力是否超限，而对管道的振动和管道噪声没有采取有效的针对措施加以防范，这方面的研究也比较缺乏，致使建成运行的工矿内工艺车间的管道振动经常发生并产生扰人的噪声污染，有的造成了管道系统的损坏，甚至发生安全事故，影响工艺系统的安全经济运行。这些问题使现场运行维护人员非常苦恼，也对他们的身体健康造成了伤害。为有效防止管道振动引起系统损坏和发生事故，确保安全文明生产，控制噪声污染，保障现场人员的健康，创造一个文明和谐的工作环境非常重要。因此，在源头上控制就显得尤其重要，管道设计时应把控制管道振动和降低管道噪声当作一个重要环节加以实施。

一、管道振动控制

（一）基本概念

1. 振动

一个物理量的值在观测时间内不停地经过平衡位置而往复变化的过程。完成一次振动所需的时间为周期，单位时间内完成的振动数称为频率。振动是非常普遍的物理现象。

管道运行中可能遇到的振动：

（1）往复式压缩机及往复泵进出口管道的振动。

（2）两相流管道呈柱塞流时的振动。

（3）水锤、气锤引起的振动。

（4）安全阀排气系统产生的振动。

（5）风载荷、地震载荷引起的振动。

1）稳态振动。管道在正常运行中发生的持续时间较长的重复性管道振动。

2）瞬态振动。管道短时间发生的振动，如泵的启动和切换，阀门的快速开启和关闭，安全释放阀的动作等。

2. 自由振动

自由振动又称固有振动。一个系统在不受外力作用，而阻尼又可忽略的情况下，自然进行的振动。其振幅决定于振动开始时系统所具有的能量，而振动频率则决定于系统本身的参量。

3. 共振

当作用在系统上的激振力频率等于或接近系统的固有频率时，振动系统的振幅会急剧增大，这种现象称为共振。

系统受迫振动时，如激励频率有任何微小的变化都会使系统响应减小的现象。如外加力的频率有任何微小改变都会引起策动点速度的降低，也就是激励频率恰使策动点阻抗的绝对值为极小，这时称为物体或系统与外加力发生速度共振。如外加力的频率有任何微小改变都会引起策动点位移振幅的减小，这时称为物体或系统与外加力发生位移共振。

4. 隔振

应用弹性材料和阻尼材料来减弱振动沿固体传播的一种措施。对于本身是振源的机器，为了减少它对周围设备及建筑的影响，将它与地基隔离，称为积极隔振。对于允许振动很小的精密仪器和设备，为了避免周围振源对它的影响，将它与地基隔离，称为消极隔振。两种隔振的原理是相似的，基本方法都是把需要隔离的设备和机器安装在合适的弹性装置上，使振源为弹性装置所减弱。

5. 阻尼器

用损耗能量的方法减弱冲击和振动辐射的一种装置。它的结构简单，适用于减小共振时的振幅。

6. 减振器

管道减振器广泛应用于电力、石油等行业，若管道长期振动，会产生疲劳破坏，对设备的安全和寿命有影响，据不完全统计，全世界每年因管道振动而造成的经济损失高达数百亿美元。在国内，这类事故也造成了巨大的损失。

（二）振动控制基本原则

1. 振动的环境影响

振动是普遍存在的现象，振动的来源可分为自然振源和人工振源两大类：自然振源如地震、海浪和风振等；人工振源如各类动力机器的运转、交通运输工具的运行、建筑施工打桩和人工爆破等。

人工振源所产生的振动波，一般在地表土壤中传播，通过建筑物的基础或地坪传至人体、精密仪器设备或建筑物本身，这将会对人和物造成危害。

为了控制振动的危害和影响，国外和国内都编制了一些振动执行标准，作为制定振动控制方案，进行振动控制设计的依据。

2．管道振动治理相关内容

（1）找出激励源并降低或消除激振力。

（2）改变管道系统的约束或改变管道系统的布置，降低管道振动响应。

（3）优化泵或阀门的运行方式降低管道系统振动。

管道振动治理应同时核算管道应力及对设备的推力和力矩。可使用减振装置，如滑动支架、限位装置、固定支架、弹簧减震器、阻尼器等。

3．振动控制的基本方法

振源产生振动，通过介质传至受振对象（人或物），因此，振动污染控制的基本方法也就分三个方面：振源控制、传递过程中振动控制和对受振对象采取控制措施。

流体压力脉动和管壁结构作用产生剧烈的管道振动，严重影响设备安全运行。管道的振动不应导致管道及相关附件（弯头、异径管、三通、支管座、阀门及热工元件等）产生裂纹、损坏及功能失效，不应损坏管道保温。

管道的振动不应导致支吊架各部件的损坏和功能的失效。如支吊架管部、根部、连接件及附件不应明显变形和开裂。

发现管道振动，应评估振动对管道及设备的危害程度（如果对管道安全构成威胁，则应查对原因并进行振动治理。针对该问题，通过对管道振动理论进行研究，重点从管道结构和流体系统两方面对管道产生振动的原因进行分析，提出在结构系统、液压冲击、流体脉动等方面消减振动的有效措施。可以设计出一整套管道减振方案。

管道减振方案一般从合理设计管道系统开始，控制管道结构的固有频率。高温、高压管道配管设计时，固有频率一般控制在 10Hz；低温管道配管设计时，固有频率一般控制在 20Hz。工程中，由于现场工艺条件的限制，无法改变结构尺寸，可通过改变约束条件来改变系统的固有频率。可以使用减振垫保证振动幅度减小。而管道拐弯处尽量减少弯头或采用弯曲半径较大的弯管；增大弯管的展开长度，使流体平稳流动；减少湍流激振力的数目和激振力与管道转变角度的相关性，以此来消减振动强度。这方面可以采用减振器，调整支承结构或支承数目。

管道系统一经确定，它的各阶机械固有频率也就确定了，此时如果非流体激振力频率与管道的固有频率相重合或接近，将产生机械共振。即使激振力相当小，也会引起管道强烈的振动。可通过改变管道系统的支承结构或支承数目，改变其固有频率，避免共振发生。一般将管道系统的固有频率调高到激振力主频率的28～30倍以上来避开共振。在管道系统中，设置管道减振器或管壁外涂阻尼材料，以减小振动。无论是橡胶减振垫、弹簧减振器，还是垫铁等减振设备，在管道减振方案中都起了至关重要的作用。

使系统与稳态激励隔离的一种弹性装置，常用的有橡胶隔振器、金属弹簧、空气弹簧、软木、泡沫橡胶和毛毡等。

（1）振源控制。

1）采用振动小的加工工艺。强力撞击在机械加工中常常见到。强力撞击会引起被加工零件、机器部件和基础振动。控制此类振动的有效方法是在不影响产品加工质量等的情况下，改进加工工艺，即用不撞击的方法来代替撞击方法，如用焊接代替铆接、用压延替代冲压、用滚轧替代锤击等。

2）减少振动源的扰动。振动的主要来源是振源本身的不平衡力和力矩引起的对设备的激励，因而改进振动设备的设计和提高制造加工装配精度，使其振动达到最小，这是最有效的控制方法。

a．旋转机械。这类机械有电动机、风机、泵类、蒸汽轮机、燃气轮机等。此类机械，大部分属高速运转类，如每分钟在千转以上，因而其微小的质量偏心或安装间隙的不均匀常带来严重的振动危害。为此，应尽可能地调好其静、动平衡，提高其制造质量，严格控制其对中要求和安装间隙，以减少其离心偏心惯性力的产生。对旋转设备的用户而言，在保证生产工艺等需要的前提下，应尽可能选择振动小（往往其他质量也好）的设备。

b．旋转往复机械。此类机械主要是曲柄连杆机构所组成的往复运动机械，如柴油机、空气压缩机等。对于此类机械，应从设计上采用各种平衡方法来改善其平衡性能。故对用户而言，可在保证生产需要的情况下，选择合适型号和质量好的往复机械。

c. 转动轴系的振动。它随各类传动机械的要求不同而振动形式不一，会产生扭转振动、横向振动和纵向振动。对这类轴系通常是应使其受力均匀，传动扭矩平衡，并应有足够的刚度等，以改善其振动情况。

d. 管道振动。工业用各种管道愈来愈多，随传递输送介质（汽、气、液、粉、气粉混合物、液固混合物等）的不同而产生管道振动也不一样。通常在管道内流动的介质，其压力、速度、温度和密度等往往是随时间而变化的，这种变化又常常是周期性的，如与压缩机相连接的管道系统，由于周期性地注入和吸走气体，激发了气流脉动，而脉动气流形成了对管道的激振力，产生了管道的机械振动。

气穴通常是引起管道振动的原因，也会产生噪声、压力脉动冲蚀破坏以及流量降低。当流体压力低于它的饱和蒸汽压力时，就会发生气穴，通常发生在减压口和流体控制阀处。由于气穴的大量产生而影响流体的正常流动，当气穴遇到压力高于饱和蒸气压力时，气穴就会破裂，该情况在气穴移动到下游管口或阀门时发生。气穴破裂会导致管道振动和噪声。当气穴发生在管道或部件的表面时，就会发生表面侵蚀，并会加速管道腐蚀，最终使管道损坏，甚至发生事故而影响安全生产。

气穴噪声强度，可以从类似于沙砾在管道中传输的声音到爆裂声，特别严重时可损伤听力。

气穴会激励管道系统，振动水平足够高时，在接管焊接处会造成泄漏。

管道系统中引起压降导致气穴的部件有弯管、异径管、节流孔、阀门、泵入口等。

对于气穴引发的管道振动，最重要的是要减少或消除其产生的来源。

最有效的抑制振动方法是在弯管、集中质量较大部件或管道不连续处增加约束。接管口、疏水管、旁路的振动可通过对主管道较重件（阀门、法兰盘等）增加支撑消除相关振动。为此，在管道设计时，应注意适当配置各管道元件，以改善介质流动特性，避免气流共振和减低脉冲压力。

管道减振方案通常用于装有弹性支承的管道上，利用管道上加装减振器或减振垫对管道起弹性支承作用，良好的管道减振方案可以使管道穿墙时与墙体隔离，对管道传递的机械振动具有良好隔离作用，可显著降低结构噪声，从而改善环境，提高设备使用寿命。管道减振方案设计时一定要注意管道实际情况，还有环境温度等外在因素。

在设计管道减振方案时，一定要考察实际情况，做好振动分析。管道振动一般是从三方面分析的：

（a）管道系统中某些设备设计不当或设备运动机构的动力平衡性差等都能够引起振动。当外界非流体激振力激发的频率与管道或辅助设备的某阶固有频率相等或相近时，管道将发生强烈的机械共振。

（b）液压冲击使管壁的应力增加数倍，管道产生严重的振动。高压力降在液流管道中产生气液两相的空化现象，空化气泡破裂时产生巨大的冲击力，使管道严重失稳。

（c）当气流压力和速度的不稳定度加大时，气流脉动的幅值增加，在弯管、盲板、阀门等处产生一定的随时间而变化的激振力，当气流激振力的激发频率与气柱固有频率相等或相近时，则发生气柱共振，使管道振动加剧。这三方面的原因在设计管道减振方案时一定要注意考虑，最好有针对性的进行设计。

与空压机和泵相连管道系统振动的主要原因：

（a）管道内流体脉动变化，空压机与泵都是高速运转的动力机械，其排量不均匀性使管道内充满了周期变化的流体，遇到弯管、异径管、控制阀、流量测量装置等部件就产生随时间变化的激励振动。若空压机与泵的激发频率与管道结构固有频率相近就会产生振动和噪声，甚至使管道破坏而发生事故。

（b）空压机与泵各自部件连接螺栓部分松动，如地脚螺钉、机体连接螺栓、法兰连接螺栓、联轴器螺栓松动，轴与电动机轴不同心、轴弯曲等，引起机体振动，带动相连管道振动。

（c）管道布置走向不合理，如管道拐弯太多、刚性支吊架少、固定支架不牢等，管道柔度大，一旦管道系统存在激振力就容易发生振动。

（d）空压机与泵由于零件加工质量达不到设计要求，或组装质量不佳使间隙超标，产生过大的轴向移动和轴向脉动，使机体发生研磨而损坏，机体失去平衡而发生振动，带动相联管道发生振动。

（e）输送的介质过热而产生汽化，当温度降到一定值时就会导致压力急剧波动和水击，造成管道系统振动。

在设计管道减振方案时要从三方面着手：①合理设计管道结构系统，控制管道结构的固有频率，尽量减少弯头或采用弯曲半径较大的弯管，调整支承结构或支承数目；②消减液击振动；③消减气流脉动，可使用减振器或阻尼器减振降噪。

抑制管道振动可以利用阻尼器。阻尼器是以提供运动的阻力，耗减运动能量的装置。主要有液体阻尼器、气体阻尼器和电磁阻尼器三类。

使自由振动衰减的各种摩擦和其他阻碍作用，称为阻尼。而安装在结构系统上的"特殊"构件可以提供运动的阻力，耗减运动能量的装置，称为阻尼器。

阻尼器又称阻尼装置。为了当受到冲击而产生的振动很快衰减所制成的增加阻尼的装置。理想的阻尼器有油阻尼器。常用油类有硅油、蓖麻油、机械油、柴油、机油、变压器油，其形式可做成板式、活塞式、方锥体、圆锥体等。其他尚有固体黏滞阻尼器、空气阻尼器和摩擦阻尼器等。根据隔振设计的实用需要，阻尼比 D 在 0.05～0.2 范围内为最佳。

阻尼器只是一个构件，使用在不同地方或不同工作环境就有不同的阻尼作用。减振器：用于减振；阻尼器：用于防震，低速时允许移动，在速度或加速度超过相应的值时闭锁，形成刚性支撑。各种应用中有弹簧阻尼器、液压阻尼器、脉冲阻尼器、旋转阻尼器、风阻尼器、黏滞阻尼器、阻尼铰链、阻尼滑轨等。液压阻尼器是一种对速度反应灵敏的振动控制装置；液压阻尼器主要适用于核电厂、火电厂、化工厂、钢铁厂等的管道及设备的抗振动。常用于控制冲击性的流体振动（如主汽门快速关闭、安全阀排放、水锤、破管等冲击激扰）和地震激扰的管系振动；液压阻尼器对低幅高频或高幅低频的振动不能有效地控制，该场合宜采用弹簧减振器。

3）改变振源（通常是指各种动力机械）。管道振动的激励机制是在管内传输的流体的压力脉动，或是由接触的或相邻的设备所传输的机械振动。可通过控制系统的修正得以减轻，其他如增加管道阻尼，改变管道路径或管道规格尺寸以减少紊流，采用截流孔或防气穴阀门以减少闪振和气穴等。

泵或压缩机引起的压力脉动，系统中由控制阀引起的振动，液体涡流流出管口等就是高频振动的来源，采用消声器、阻尼器、降噪阀门或增加多级孔等都是消减振源的例子。

高频管道振动位移振幅较小，只有几毫米或更小。通常大部分管道系统都普遍存在振动。

附加支撑难以有效控制高频振动。例如，存在间隙的支吊架不能控制高频振动。

管道壳壁振动是典型的高频振动，其振动频率与管壁厚度成正比，与管径成反比。控制壳壁振动最有效的是消除振源。如振源无法消除，那么壳壁振动频率就必须离开共振区，即改变管道，采用厚壁管，用环向加强增加壳壁频率，可增加约束阻尼来减小动力学响应及其应力。

压力扰动或脉动在流体中的传播方式与声音在空气中的传播方式相同，如脉动频率与管道的音频相同或相近时，压力脉动会增大，这种共振危害管道安全。音频是声音在流体中传播速度的函数，与管道长度成反比。

通常激励机理是在流动不连续时产生涡旋脱落，在一定的频率范围内造成压力脉动。如压力脉动频率与管道固有频率相同或接近，就会发生共振并且振动将会被放大。改善流动的不连续性，如打开分支管道，会降低涡旋脱落并改变压力脉动频率，既可避免共振发生。如振动改善不明显，就要改善管道的固有频率，即改变管道长度，采用消声器、减振器等。

在某些情况下，受振对象（如建筑物）的固有频率和扰力频率相同时，会引起共振，此时改变机器的转速、更换机型（如柴油机缸数的变更）等，都是行之有效的防振措施。

改变振源机械结构的固有频率。有些振源，本身的机械结构为壳体结构，当扰力频率和壳体结构的固有频率相同时，会引起共振，此时可采用改变设施的结构和总体尺寸，采用局部加强法（如加筋、多加支承节点），或在壳体上增加质量等，上述方法均可以改变机械结构的固有频率，避开共振。

加阻尼以减少振源振动。如振源的机械结构为薄壳结构，则可以在壳体上加阻尼材料，抑制振动。

4）振源传递过程中的控制。

a．加大振源和受振对象之间的距离。振动在介质中传播，由于能量的扩散和对振动能量的吸收，一般是随着距离的增加振动逐渐衰减，所以加大振源和受振对象之间的距离是振动控制的有效措施之一。一般采用以下几种方法：

（a）建筑物选址。对于精密仪器、设备厂房，在其选址时要远离铁路、公路以及工业上强振源。对于居民楼、医院、学校等建筑物选址时，也要远离强振源。反之，在建设铁路、公路和具有强振源的建筑物时，其选址也要尽可能远离精密仪器厂房、居民住宅、医院和一些其他敏感建筑物（如古建筑物）。对于防振要求较高的精密仪器设备，应考虑远离由于海浪和台风影响而产生较大地面脉动的海岸。据国外资料报道，在同样地质条件下，海岸边地面脉动幅值要比距海岸 200m 处的脉动幅值大三倍以上。

（b）厂区总平面布置。工厂中防振等级较高的计量室、中心实验室、精密机床车间（如高精度螺纹磨床、光栅刻线机等）等最好单独另建，并远离振动较大的车间，如锻工车间、冲击车间以及压缩机房等。换一个角度，在厂区总体规划时，应尽可能将振源较大的车间布置在厂区的合适地段。

（c）车间内的工艺布置。在不影响工艺的情况下，精密机床以及其他防振对象，应尽可能远离振动较大的设备。为计量室及其他精密设备服务的空调制冷设备，在可能条件下，也尽可能使它们与防振对象离开远一些。

（d）其他加大振动传播距离的方法。将动力设备和精密仪器设备分别置于楼层中不同的结构单元内，如设置在伸缩缝（或沉降缝）、抗震缝的两侧，这样振源的传递路线要比直接传递长得多，对振动衰减有一定效果。缝的要求除应满足工程上的要求外，不得小于 5cm；缝中不需要其他材料填充，但应采取弹性的盖缝措施。有桥式起重机的厂房附设有对防振要求较高的控制室时，控制室应与主厂房全部脱开，避免桥式起重机开动或刹车时振动直接传到控制室。

b. 隔振沟（防振沟）。对冲击振动或频率大于 30Hz 的振动，采取隔振沟有一定的隔振效果，但对于低频振动则效果甚微，甚至几乎没有什么效果。隔振沟的效果主要取决于沟深 H 与表面波的波长 λ_R 之比，对于减少振源振动向外传递而言，当振源距沟为一个波长 λ_R 时，H/λ_R 至少应为 0.6 时才有效；对于防止外来振动传至精密仪器设备，该比值要达到 1.2 以上才可。

（2）隔振措施。至今为止，在振动控制中，隔振是投资不大，却行之有效的方法，尤其是在受空间位置限制或地皮十分昂贵或工艺需要时，无法加大振源和受振对象之间的距离，此时则更加显示隔振措施的优越性。隔振分两类：一类为积极隔振，另一类为消极隔振。所谓积极隔振，就是为了减少动力设备产生的扰力向外的传递，对动力设备所采取的隔振措施（即减少振动的输出）。所谓消极隔振，就是为了减少外来振动对防振对象的影响，对防振对象（如精密仪器）采取的隔振措施（即减少振动的输入）。无论何种类型隔振，都是在振源或防振对象与支承结构之间加隔振器材。

对动力机器采取隔振措施还对保护机器本身精密部件和模具等有好处，故人们更加乐意采取隔振措施。

除了机器设备隔振外，管道隔振也是常采用的方法。管道隔振采取的措施有以下几种：

1）在动力机器与管道之间加柔性连接装置，如在风机的风管与风机的连接处，采用柔性帆布管接头，以防止振动的传出；在水泵进出口处加橡胶软接头，以防止水泵机体振动沿管道传出，在柴油机排气口与管道之间加金属波纹管，以防止柴油机机体振动沿排气管传出等。

2）在管道穿墙而过时，应使管道与墙体脱开，并垫以弹性材料，以减少墙体振动。为了减少管道振动对周围建筑物的影响，应每隔一定距离设置隔振吊架和隔振支座。

（3）对防振对象采取的振动控制措施。对防振对象采取的措施主要是指对精密仪器、设备采取的措施。一般方法为：

1）采用黏弹性高阻尼材料。对于一些具有薄壳机体的精密仪器或仪器仪表柜等结构，宜采用黏弹性高阻尼材料（阻尼漆、阻尼板等）增加其阻尼，以增加能量耗散，降低其振幅。

2）精密仪器、设备的工作台。精密仪器、设备的工作台应采用钢筋混凝土制的水磨石工作台，以保证工作台本身具有足够的刚度和质量，不宜采用刚度小、容易晃动的木制工作台。

3）精密仪器室的地坪设计。为了避免外界传来的振动和室内工作人员的走动影响精密仪器和设备的正常工作，应采用混凝土地坪，必要时可采用厚度大于等于 500mm 的混凝土地坪。当必须采用木地板时，应将木地板用热沥青与地坪直接粘贴，不应采用在木格栅上铺木地板架空作法，否则由于木地板刚度较小，操作人员走动时产生较大的振动，对精密仪器和设备的使用是很不利的。

（4）其他振动控制方法。

1）楼层振动控制。对于安装有动力设备或机床设备的楼层，振动计算十分重要。楼层结构的固有频率谱排列很密，而楼层上各类设备的转速变化范围较宽，故搞不好就会出现共振。因而在楼层设计时应根据楼层结构振动的规律及机械设备振动特性，合理地确定楼层的平面尺寸、柱网形式、梁板刚度及其刚度比值，以使结构的共振振幅控制在某个范围内。无论是哪一种楼层，只要适当加大构件刚度，调整柱网尺寸，均可达到减少振动的目的。

工艺布置时，振动设备必须布置在楼层上时，应尽可能放在刚度较大的柱边、墙边或主梁上，要注意使其产生扰力的方向尽量与结构刚度较大的方向一致。

2）有源振动控制。有源振动控制是近些年来发展起来的高新技术。该方法为：用传感器将动力机器设备扰力信号检测出来，并送进计算机系统进行分析，产生一个相反的信号，再驱使一个电磁结构或机械结构产生一个位相与扰力完全相反的力作用于振源上，从而可达到控制振源振动目的。

4. 振动对人的危害影响

振动传至人体主要有四种形式：

（1）振动同时传递到整个人体外表面或其他部分外表面。

（2）振动通过支撑表面传递到整个人体上，例如通过站着的人的脚，坐着的人的臀部或斜躺着的人的支撑面。这种情况通常称为全身振动。

（3）振动作用于人体的某些个别部位，如头或四肢。这种加在人体的某些个别部位，并且只传递到人体某个局部的振动（一般区别于全身传递），称为局部振动。

（4）还有一种情况，虽然振动没有直接作用于人体，但人却能通过视觉、听觉等感受到振动，也会对人造成影响。这种虽不直接作用于人，但却能影响到人的振动称为间接振动。

振动对操作工人的危害和影响主要表现在两个方面：

1）长期在相当强度振动环境工作的工人由于振动使他们的视觉受到干扰，手的动作受妨碍和精力难以集中等原因，往往会造成操作速度下降，生产效率降低，工人感到疲劳，并且可能出现质量事故，甚至安全事故。

2）如果振动强度足够大，或者工人长期在相当强度下振动环境里工作，则工人可能会在神经系统、消化系统、心血管系统、内分泌系统、呼吸系统等方面造成危害或影响。

振动对居民造成的影响主要为干扰居民的睡眠、休息、读书学习和看电视等日常生活。值得注意的是，若居民长期生活在振动干扰的环境里，由于长期心理上烦恼不堪，久而久之也会造成身体健康的危害。

5. 振动对建筑物的危害

振动施于建筑物，由于振动强度和频率的不同，将会使得某些建筑物的建筑结构受到破坏。常见的破坏现象表现为基础和墙壁龟裂、墙皮剥落、石块滑动、地基变形和下沉等，重者可使建筑物倒塌。

6. 振动对精密仪器、设备的影响

振动对精密仪器、设备的影响主要表现在以下三个方面：

（1）振动会影响精密仪器仪表的正常运行，影响对仪器仪表的刻度阅读的准确性和阅读速度，甚至根本无法读数。如振动过大，会直接影响仪器仪表的使用寿命，甚至使仪器仪表受到破坏。

（2）对某些灵敏的电器，如灵敏继电器，振动甚至会引起其误动作，从而可能造成一些重大事故。

（3）振动会使精密机床的加工精度下降，粗糙度上升，使质量无法保证。当振动过大时，会直接造成精密机床的刀具、精密部件受到损坏。

7．振动产生噪声

振动的物体可直接向空间辐射噪声，这就是空气声。振动又会在土壤中传播，在传播过程中，又会激起建筑物基础、墙体、梁柱、天花板、门窗、管道等振动，这些物体的振动会再次辐射噪声，这种噪声称为固体传声。显然，固体声加大了噪声的危害和影响。

8．管道隔振

（1）管道隔振的必要性。空调设备的振动，除了通过基础沿建筑结构传递外，还可以通过管道和管内介质以及固定管道的物体传递并辐射噪声，因此，管道也是传播固体声的桥梁。当设备基础采取了隔振措施后，则管道的振动与固体声传递就成为主要矛盾了，为此要实施管道隔振在设备与管道之间配制软连接管，可以减少设备振动及固体声沿管道的传递，但其隔振效果一般不如基础隔振的效果，仍然会有一部分振动会继续沿管道传递。同时管内介质在流动时，尤其是经过阀门、弯头、分支时引起的振动仍然可以通过它与建筑物围护结构的连接处向外传递，激发有关结构振动并辐射噪声。所以，广义上讲，管道隔振包括下述内容：

（2）在设备和管道之间加软连接管，如橡胶软连接管、全金属波纹膨胀节、帆布等，其作用为：

1）减少设备振动沿管道的传递，一般可使毗邻房间的噪声级降1.5～7dB。

2）设备基础隔振后，如管道仍为刚性连接，则对机组的正常运行和使用都有不良影响。

3）软连接管还可起温度、压力和安装的补偿作用，故通常也常称软连接管为补偿软连接管。

（3）在管道与建筑物围护结构的连接处加柔性结构，如管道与楼板之间加隔振吊架、管道和墙体之间加弹性支架等。

9. 管道隔振装置的选用

（1）管道软连接管。

1）通风机的出风或回风口与管道之间的软连接装置，一般可采用帆布软接口。

2）水泵、冷冻机、空压机的软接管，要根据管内介质压力、温度和种类选用。一般是选择各种型号的橡胶软连接管或全金属软连接管。

3）汽轮机的排气管要采用不锈钢波纹管膨胀节。

（2）管道和建筑围护结构之间的隔振装置。

1）管道支吊在楼板上的隔振装置一般可采用弹性吊架或用弹性材料作衬垫。

2）管道架设在墙上或固定在墙上的隔振装置一般采用在管道与支架之间加弹性材料或隔振器。

3）管道穿过楼板或墙体的隔振装置。管道穿过楼板或墙体时应预先埋套管，套管的内径应比管道的外径至少应大 50mm，以便于填缝堵严。

大截面的风管穿过墙体和楼板时，也应在留洞位置设套管（或设套框），等风管安装后填缝堵严。

（3）管道隔振与噪声降低量。管道隔振对降低机房本身噪声几乎没有作用，对毗邻房间的噪声降低量则与软连接管的类别、长度及管内介质的压力等有关。

1）不锈钢波纹管膨胀节隔振与降噪关系。这种关系难以进行理论计算，根据某些工程项目，可得出一些统计规律，以供参考。

a. 管长与隔振降噪的统计关系：

当管内介质压力为 0.2MPa 时

$$\Delta L_{p2} = -0.78 + 6.28 \lg D \quad （相关系数 \ r = 0.964）$$

当管内介质压力为 0.7MPa 时

$$\Delta L_{p7} = -2.28 + 6.28 \lg D \text{（相关系数 } r=0.966）$$

式中　ΔL_{p2}、ΔL_{p7}——管内压力为 0.2MPa 和 0.7MPa 时的噪声降低量，dB；

　　　　D——管径与管长的比值。

b. 加速度级衰减量 a 与毗邻房间内噪声降低量和管内介质压力的关系如下：

当管内介质压力为 0.2MPa 时

$$\Delta L_{p2} = -10.75 + 12.5 \lg a \text{（相关系数 } r=0.99）$$

当管内介质压力为 0.7MPa 时

$$\Delta L_{p7} = -2.28 + 6.25 \lg a \text{（相关系数 } r=0.94）$$

式中　a——加速度级的衰减量，dB。

根据上述统计式可得出加速度级衰减量与相邻房间内噪声降低量和管内介质压力的关系。

2）橡胶软接管隔振降噪的关系。橡胶软接管的隔振降噪作用也是难以计算，初步的统计关系为，当压力为 0.15～0.3MPa 时

$$\Delta L_{p} = -2.12 + 7.59 \lg a$$

3）软接管单向与双向配置对降低噪声的作用。单向（垂直方向）配制软管长度为 750mm，双向（垂直与水平方向）各配制 300mm 长的软管。由测定结果可见，双向配制软管（总长为 600mm）比单向配置软管（长 750mm）时，噪声降低量增大 1.2dB（63～400Hz），A 声级降低量增加 1.0dB。

10. 管道补偿软连接装置

一般振动机械与外界连接的部分大部分分为管道系统，各种管道不论是水管、风管、汽管、油管等，大都应该加接管道补偿软连接装置，加软连接的作用至少有三条：

（1）可减少管道振动的传递。

（2）可补偿由于温度变化引起的管道的伸缩性。

（3）可补偿安装过程中误差，从而方便安装。

软连接种类很多，可根据使用场合要求和流体种类及压力大小等因素来选

取。通常分三大类型：橡胶软连接管、全金属补偿软连接管，以及帆布、塑料类软连接管。

（1）橡胶软连接管。橡胶软连接管，又称管道橡胶柔性连接管道、橡胶软接头、可曲挠橡胶接头等。

橡胶软连接管总体上可分为同心同径、同心异径、偏心异径三种形式。

1）按结构形式分为单球体、双球体、弯球体。

2）按连接形式分为法兰连接、螺纹连接。

3）按工作压力分为 0.6、1.0、1.6、2.5MPa 等。

（2）全金属补偿软连接管。全金属补偿软连接管应用较广泛，通常是由不锈钢制成。和橡胶软连接管相比，它具有耐高温和耐腐蚀的特点。某些类型的全金属软连接管可以做成耐高压和大位移补偿量，但其本身价格较贵，安装要求较高。

全金属补偿软连接管从不同的角度可有不同的分类方法，大体上可以这样分类：

1）按结构可分为波纹管膨胀节和金属软管两类。

2）按工作压力可分为低压、中压和高压三类。一般低压为 0.1～2.5MPa，中压 4～6.4MPa，高压 10～23MPa。

3）波纹管膨胀节又可分为轴向型、带座轴向型、外压轴向型、复式拉杆型和铰链型等。

4）按耐温程度又可分为工作温度小于等于 450℃和工作温度小于等于 550℃两类。前者可用于输送蒸气、热水或其他热介质等；后者可用于内燃机排气管道等。

二、管道噪声控制

（一）基本概念

1．声波

指弹性媒介中传播的压力、应力、质点位移、质点速度的变化或几种变化的综合。

2．声场

媒介中有声波存在的区域。声源向自由场辐射时，声源附近声压和质点速度不同相的声场，称为近场。在远处，声压与质点同相的声场称为远场。

3．衰减

声波在媒介中传播，由于波阵面的几何扩展、吸收、散射和声能泄露等原因所引起的声能损失。

4．噪声

噪声有两种定义：

（1）在物理上指不规则的、间歇的或随机的声振动。

（2）在心理上指任何难听的、不谐和的声或干扰。有时也指在有用频带内任何不需要的干扰，这种噪声干扰不仅是由声音的物理性质决定，还与人们的心理状态有关。在电路中，噪声指由于电子持续的杂乱运动形成频率范围很宽的干扰。例如散粒噪声、热噪声等。在可能混淆时应该注明声噪声或电噪声。

5．环境噪声

在人们关心的场所出现的残余噪声的综合。它是所处环境中由多个不同位置声源产生的总噪声。当讨论的一个特定声源不起作用时，往往用背景噪声一词来描述环境噪声。

6．噪声控制

研究获得能为人所容忍的噪声环境的科学技术。它包含与噪声问题有关的政策、行政措施、社会措施，以及噪声防治技术等。它通过采用吸声、隔声、隔振、减振等方法，使各种环境下的噪声低于允许的噪声级标准。与噪声控制紧密相关的是振动控制技术，包括隔振、振动阻尼和冲击隔离等。

7．隔声

指利用间壁构件防止空气声传入室内的措施。构件隔声性能可用传声损失、声压级差和隔声指数等描述。

8．隔声量

隔声量又称传声损失。墙或间壁等构件的隔声量是入射声能与投射声能相差的分贝数。

9. 消声器

用于降低气流噪声的一种部件。它可看作是管道的一部分，在内部做声学处理后减弱噪声的传输或产生，但允许气流通过。

（二）液压泵与管道系统的噪声

各种液压系统不仅应用于工矿企业中，亦广泛应用于现代建筑物中的采暖空调、给水排水等系统中，其噪声影响面较大，形成企业的主要噪声源。

1. 液压泵噪声

液压泵是液体传输系统中的动力源，它能产生两类噪声：一是液体动力性噪声，另一类是机械噪声。

（1）液体动力性噪声。液压泵工作时，连续出现动力压强脉冲，从而激发泵体和管道系统的阀门、管道等部件振动，由此而辐射噪声。动力压强脉冲可分解成两个分量，直流压强分量和压强高次谐波分量。以齿轮泵为例，其压强谐波频率（Hz）为

$$f_i = \frac{nz}{60}i$$

式中　i ——谐波次，$i = 1,2,3,4,\cdots$；

　　　n ——齿轮泵主轴转速，r/min；

　　　z ——主动齿轮的齿数。

压强的直流分量迫使液体不断通过泵体注入管道；压强的谐波分量则作用于泵体壁面，并通过液体传递到管道系统中。

（2）机械噪声。由于泵体内传递压力的不平衡运动，形成部件间的冲撞力或摩擦力，从而引起结构振动而发声。这种噪声不仅与泵的种类和结构有关，还与泵的零部件加工精度、泵体安装条件和泵维护保养等有关。一般磨损严重的泵往往要比刚调试好的泵噪声高 10dB。

为消除和减弱泵的噪声，可选用高内阻材料制成泵体，如用铜锰合金代替铸钢制造的泵体，其噪声可降低 10～15dB。一般液压泵以螺旋泵噪声最小，离

心泵和活塞泵次之，齿轮泵噪声最大。

2. 阀门噪声

在许多工业领域中，控制阀是一个常见的噪声源，尤其当控制阀的运行具有一个很大的压降。其主要的噪声产生机制是控制阀及其底座之间形成的流体喷射。

带有节流或减压作用的阀门，是液体传输管道中影响最大的噪声源。当管道内流体流速足够高时，若阀门部分关闭，则在阀门入口处形成大面积扼流，在扼流区域液体流速提高而内部静压降低，当流速大于等于介质的临界速度时，静压低于等于介质的蒸发压力，则在流体中形成气泡。气泡随液体流动，在阀门扼流区下游流速渐渐降低，静压升高，气泡相继被挤破，引起流体中无规则压力波动，这种特殊的湍化现象称为空化，由此而产生的噪声称为空化噪声如图 4-1 所示。在流量大、压力高的管道中，几乎所有的节流阀门均能产生空化噪声，空化噪声顺流向下可沿管道传播很远。这种无规则噪声频谱呈宽带，它能激发阀门或管道中可动部件的固有振动，并通过这些部件作用于其他相邻部件传至全管

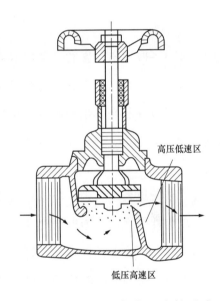

高压低速区

低压高速区

图 4-1　节流阀门空化噪声的形成

道表面，由此产生的噪声类似金属相撞产生的有调声音。空化噪声的声功率与流速的七次方或八次方成正比。为了降低阀门噪声，可以采用多级串接阀门，逐级降低流速。

3. 管道噪声

液压系统的泵体噪声和阀门噪声主要沿管体传播，并透过管道壁面辐射出去。管道愈长愈粗，这种辐射也愈强。

液体流经管道时，由于湍流和摩擦激发的压强扰动也会产生噪声。决定流体流动状态的重要参量是雷诺数 Re；当 $Re < 1200$ 时，流体流呈层流状态；当 $Re > 2400$ 时，则呈湍流状态。实际上，绝大多数管道中的液体流均处于 $Re > 2400$ 的湍流状态。这种含有大量不规则的微小漩涡的湍流，可以说是自身就处于"吵"的状态。当湍流液体流经管道中具有不规则形状或不光滑的内表面时，尤其流经节流或降压阀门、截面突变的管道或急骤转弯的弯头时，湍流与这些阻碍流体通过的部分相互作用产生涡流噪声。其声功率级 ΔL_{w}（dB）随流速的变化关系可以表示为

$$\Delta L_{\mathrm{w}} = 60 \lg \frac{v_2}{v_1}$$

式中　　v_1——液体流入管道中具有不规则形状或不光滑的内表面的速度；

　　　　v_2——液体流出管道中具有不规则形状或不光滑的内表面的速度。

若管道设计不当，也能产生空化噪声。设计管道时，要注意产生空化噪声的临界流速，它与温度、管道几何形状、液体的物理性质和液体压力等因素有关。

要降低管道系统噪声，应该尽量选用或设计低噪声阀门、低噪声泵。为避免流体动力性噪声，管道设计要合理，如管内液体流速不可过高，避免直拐弯和截面突变，弯头半径最好大于管道直径 5 倍，不同管径的管道连接应逐渐过渡等。为避免结构振动的传递，可在泵的进出口、阀门前后各处加一段柔性管或装一个补偿器。为降低管道壁面的振动，也可用各种各样的管道夹子。管道夹子内紧衬毛毡、橡胶等高内阻材料，在管道振动较强烈的地方，最好能分段将管道约束钳住，其结构见图 4-2。

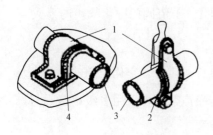

图 4-2　减振管道夹子

1—管道钳夹；2、4—阻尼材料；

3—管道

对泵体和管道的支撑结构，应注意采取隔振措施，见图 4-3。大面积的管道振动，辐射噪声较强，较为可行的办法是在整个管道

外壁捆扎或铺设一层软材料，如玻璃丝、矿渣棉，外面再包一层铁皮（或铝皮），实质上这是个减振隔声套。这个减振隔声套的吸声材料层不应填压得过密，以免失去隔振的性能，厚度不得小于 5cm，外壳可用 1mm 以下的薄铁皮和铝皮，见图 4-4。要注意：不可使管道壁面与外壳相接触。用这种措施一般能将管道噪声降低 10～15dB。

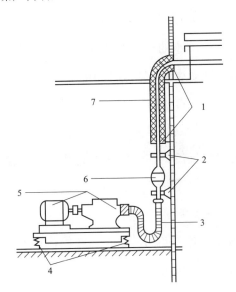

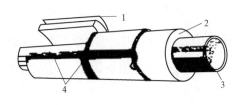

图 4-3　泵体和管道系统的隔振措施图
1—弹性套管；2—弹性吊架；3—柔性管；
4—弹性支承；5—泵体；6—消声器；
7—隔声套管

图 4-4　管道包扎隔振图
1—铁皮或铝皮；2—玻璃纤维；3—管道；
4—加铅聚氯乙烯黏衬带

由泵和阀门产生的液体动力性噪声，可用消声器予以降低。

4. 喷射噪声

气流从管口以高速（介于声速与亚声速之间）喷射出来，由此而产生的噪声称为喷射噪声（亦称喷注噪声），或射流噪声，如喷气发动机排气噪声和高压容器排气噪声就是喷射噪声（射流噪声）。

喷射噪声是从管口喷射出来的高速气流与周围静止空气激烈混合时产生的，最简单的自由喷射是由一个高压容器通过一个圆形喷嘴排放气流，如图 4-5 所示。气体在容器内速度等于零，在圆管的最窄截面处流速达到最大值，下面介绍这种射流噪声的成因和特点。

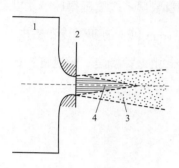

图 4-5　典型射流图

1—压力容器；2—喷口；

3—湍流混合区；4—势核

管口喷射出的高速气流，由于内部静压低于周围静止气体的压强，所以在高速气流周围产生强烈的引射现象，沿气流喷射方向的一定距离内大量气体被喷射气流卷吸进去，从而喷射气流体积越来越大，速度逐渐降低。但在喷口附近，仍保留着体积逐渐缩小的一小股高速气流，其速度仍保持喷口处气流速度，常被称为喷射流的势核。势核长度约为喷口直径的 5 倍。在势核周围，高速气流与被吸进的气体剧烈混合，这是一段湍化程度极高的定向气流。在这段区域内由势核到混合边界的速度梯度大，气流之间存在着复杂多变的应力，涡流强度高，气流内各处的压强和流速迅速变化，从而辐射出较强的噪声。

在稳定的自由喷射流中，气体的流出速率是不变的，也不存在固体边界与气流作用产生的力。又因为在亚声速与跨声速的喷射气流中，黏滞应力与热传导的影响可以忽略不计。

为了控制喷射噪声强度，减轻喷射噪声对周围环境的影响，在喷射口或安全阀出口管道端部应安装合适的消声器。装设的消声器应有足够的通流面积，防止其产生的背压影响安全阀的正常运行和排放。

5. 涡流噪声

气流流经障碍物时，由于空气分子黏滞摩擦力的影响，具有一定速度的气流与障碍物背后相对静止的气体相互作用，就在障碍物下游区形成带有涡流的气流。这些涡旋不断形成又不断脱落，每一个涡旋中心的压强低于周围介质压强，每当一个涡旋脱落时，湍动气流就会出现次压强跳变，这些跳变的压强通过四周介质向外传播，并作用于障碍物，当湍动气流中压强脉动含有可听声频成分，且强度足够大时，则辐射出噪声，称为涡流噪声或湍流噪声。

电线被大风吹而产生的噪声，狂风吹过树林的呼啸声，均是生活中常见的涡流发声现象。当物体以较高的速度在气体中通过时也能产生涡流噪声，如在空气中挥动藤条或竹竿就能发出与风吹电线一样的噪声。总之，气体与物体以较高的速度相对运动就能产生涡流噪声。

（三）管道系统的噪声自然衰减

在通风、空调系统中管道系统内噪声的自然衰减也是系统消声设计中应予考虑的一个方面。管道系统的噪声自然衰减主要来源于直管道的声衰减，弯头、三通、变径管的声衰减，风口的末端声衰减以及风口噪声向房间内传播途径的声衰减等方面，分述如下：

1. 直管道自然衰减

当管道较长、流速较低时，矩形风管及圆形风管的自然声衰减量可由表 4-1 查得。

直管道的自然声衰减量与管道断面周长、管道长度及管壁吸声系数成正比，与管道的截面积成反比。一般镀锌钢板制作的光滑风管、管壁吸声很低，而当管内风速较高（如大于 8m/s），气流再生噪声又较大时，直管自然声衰减可忽略不计。

由表 4-1 可见，小管道的自然声衰减大于大管道，低频自然声衰减大于高频声衰减，矩形管道自然声衰减又大于圆形管道。

表 4-1　　　　　　　　金属直管道的声衰减　　　　　　　　dB/m

管道尺寸 D（m）		倍频带中心频率（Hz）				
		63	125	250	500	≥1000
矩形风管	0.075～0.2	0.6	0.6	0.45	0.3	0.3
	0.2～0.4	0.6	0.6	0.45	0.3	0.2
	0.4～0.8	0.6	0.6	0.3	0.15	0.15
	0.8～1.6	0.45	0.3	0.15	0.1	0.06
圆形风管	0.075～0.2	0.1	0.1	0.15	0.15	0.3
	0.2～0.4	0.06	0.1	0.1	0.15	0.2
	0.4～0.8	0.03	0.06	0.06	0.1	0.15
	0.8～1.6	0.03	0.06	0.03	0.06	0.06

注　管道尺寸 D，圆形管为直径；矩形管 $D = \dfrac{2ab}{a+b}$，a、b 分别为矩形管道的边长。

2. 弯头自然衰减

弯头的自然衰减在管道系统的自然衰减中起到一定的作用，尤其是在其有内衬的弯头及中高频范围较为显著。

由表4-2可见，圆管弯头的自然衰减量仅为1～3dB，小直径圆管弯头衰减小于大直径弯头，低频衰减小于高频衰减，而方形弯头也是大尺寸弯头声衰减大于小尺寸弯头，高频衰减大于低频衰减。

表4-2   圆形弯头的自然声衰减   dB

圆形弯头直径 （mm）	倍频带中心频率（Hz）						
	63	125	250	500	1000	2000	4000
62.5～125	—	—	—	—	—	1	2
150～250	—	—	—	—	1	2	3
275～500	—	—	—	1	2	3	3
525～1000	—	—	1	2	3	3	3
1025～2000	—	1	2	3	3	3	3

通常圆形弯头不设内衬材料，而矩形弯头内衬材料长度至少应为弯头宽度的两倍，而内衬材料的厚度控制为风管宽度的10%；对于有导流片的矩形弯头，其自然声衰减可取方弯头和圆弯头衰减量的平均值。

在通风空调工程设计中，常设计有连续弯头。连续弯头的总声衰减量并不简单等于两个单独弯头衰减量之和，而与两个弯头之间的距离有关。图4-6为无内衬连续弯头的声衰减量。两个连续弯头之间的管道段内壁宜衬贴吸声材料。

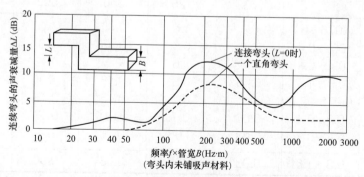

图4-6 无内衬连续弯头的自然声衰减特性图

连续弯头的消声量可按以下原则估算：

当 $L>2d$（d 为风管断面对角线长度）时，总声衰减量等于两个单独弯头衰减量之和；

当 $0<L<2d$ 时，总声衰减量仅为单个弯头声衰减量的 1.5 倍。

3. 三通自然衰减

当管道中设三通即管道分叉时，其噪声能量可以按支管的断面积比例（或风量分配比例）分配噪声能量，则从主管道到任一支管的噪声自然衰减量可按下式计算

$$\Delta L = 10\lg(S_1/S) \tag{4-1}$$

式中　S_1——支管的断面积，m^2；

S——分叉处全部支管的断面积，m^2。

4. 变径管自然衰减

在风管系统中，遇到管道截面突变处所引起的自然声衰减可由下式计算

$$\Delta L = 10\lg \frac{\left(\dfrac{S_2}{S_1}+1\right)^2}{4} \times \frac{S_2}{S_1} \tag{4-2}$$

式中　S_1——变径前的管道断面积，m^2；

S_2——变径后的管道断面积，m^2。

（四）管道隔声和管道包敷

管道有两种，一种为输送液体的管道，如上下水管，另一种为输送气体的管道，如通风管道。由于上下水管道管壁较厚，在压力变化较小、流速不甚高的情况下，水流产生的噪声不大，对于某些高噪声的给排水管道，可以采用集中安置在隔声竖井中的方法加以解决。

通风管道又可分为矩形管道和圆形管道两种，矩形管道在风速不高时，管壁可看作为平板，其隔声性能基本符合于质量定律。

圆形管道在声波的激励下产生的振动方式与平板不全相同，这主要是圆形管道存在管截面的最低共振频率，常称为自鸣频率，标记为 f_r（Hz）

$$f_r = \frac{C_L}{100\pi D} \qquad (4\text{-}3)$$

式中　C_L——管壁中纵波的传播速度，钢为 5100m/s；

　　　D——标称管径，mm。

在自鸣频率 f_r 以上，圆管的隔声量与平板的隔声量几乎一样，在自鸣频率以下，圆管的隔声量的决定就得视情况而定，见表 4-3。

表 4-3　在自鸣频率 f_r 以下，对圆柱形管壁隔声量的修正值

f_r	0.025	0.05	0.1	0.2	0.3	0.4	0.5	0.6	0.7	0.8
修正值（dB）	-6	-5	-4	-3	-2	-2	-2	-2	-2	-3

管道本身虽有一定的隔声量，但由于管壁都较薄，使管内的噪声透射和辐射出来。为了增加管道的隔声量，可以采用管外包敷隔声材料的方法。管道包敷一般由两层材料构成，内层为柔软的吸声材料，常用的有玻璃棉、矿棉、岩棉、泡沫塑料等，外层为不透气的隔声材料，常用的有薄镀锌铁皮、氯丁橡胶片材、铅皮等。

管道包敷高频隔声效果较显著，在低频，当波长大于材料厚度 10 倍以上时，管道与包敷材料层易产生共振而使隔声性能下降，共振频率由下式确定

$$f_0 = 42/\sqrt{M_s d} \qquad (4\text{-}4)$$

式中　M_s——不透气隔声材料的面密度，kg/m^2；

　　　d——柔软的吸声材料的厚度，m。

附录 A　柔性隔声帘隔声包管

1. 概述

液体管道通常管壁较厚，流速较低，产生的噪声也较小，通常布置于管井中，对环境的噪声影响较小，故通常不需要做隔声处理。

气体管道通常管壁较薄，流速较高，高速气流流动时冲击管道，激发管壁产生振动。气流在管道拐弯、变径等部位会产生涡流、涡阻，气体流动不稳定引发管道剧烈振动而产生较高的噪声，并通过管壁向四周辐射。

管道隔声控制的主要方法是管外隔声包扎，主要由吸声层、隔声层、护面层等结构组成。

管外隔声包扎的传统施工方式是骨架、吸声层、隔声层及护面层等现场分层铺设，安装周期长，施工难度大，且成本较高。管道隔声包扎的实例见图 A-1～图 A-4。传统安装施工过程如下：

图 A-1　柔性隔声帘实例（一）

（1）清理管道外表面后，焊接龙骨及保温钩钉。

（2）敷设吸声层，用金属丝捆扎。

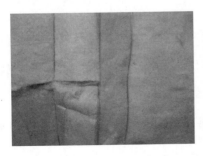

图 A-2　柔性隔声帘实例（二）

（3）敷设隔声层，用金属丝捆扎。

图 A-3　柔性隔声帘实例（三）

（4）外护安装，在外护安装结束后对连接处进行装饰及外露修补。

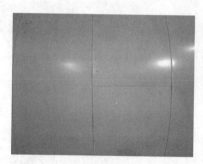

图 A-4　柔性隔声帘实例（四）

2. 产品介绍

隔声帘是一种新型的柔性吸隔声产品，由外层覆面、吸声单元及隔声单元等多材料缝制而成。

根据不同的需求，覆面材料可选用不同的面料（防水、防潮、防火、耐磨、耐候等）、样式和颜色。

隔声体采用微纳层状交替复合技术产品，由多种不同密度的材料叠加复合而成，利用声波在通过不同特性阻抗层状界面时产生的多层反射而发生衰减，有效改善和避免材料的吻合效应与共振效应。

吸声层采用环保纤维多孔吸声材料，纤维直径小，手感柔软，不含渣球，不刺手。吸声性能及保温性能优良。

隔声帘的表面花纹与颜色可以根据具体的使用场景进行选择，和谐自然的融入环境。

隔声帘的安装贴合噪声源本身，单层产品厚度不超过 30mm，占用空间小，如图 A-5 所示。

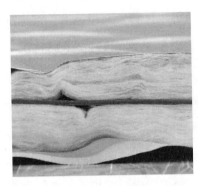

图 A-5 隔声帘结构示意图

隔声帘的安装方式非常灵活，可采用魔术贴、扎带及金属丝等连接方式，安装及拆卸施工便捷，环保，也便于后期维护。

隔声帘的重量轻，可直接安装于管道外壁，不需要安装龙骨，缠绕式包裹，吸声层及隔声层可一次性安装完成，与传统工艺相比周期大量缩短。且降噪性能良好，隔声量可达 15～25dB，如图 A-6 所示。

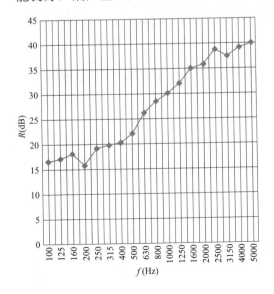

频率 f（Hz）	隔声量 R（dB）
100	16.6
125	17.1
160	18.1
200	15.8
250	19.2
315	19.8
400	20.3
500	22.1
630	26.2
800	28.5
1000	30.1
1250	32
1600	35
2000	35.9
2500	38.7
3150	37.5
4000	39.2
5000	40.1

图 A-6 隔声帘隔声性能

3．工程设计

管道的截面形式主要有矩形和圆形两种，均可采用隔声帘进行隔声包扎。管件包括直管、弯头、三通、变径管等。隔声帘包扎示例见图 A-7～图 A-10。包管时，直管段无尺寸限制，弯头与三通可根据管径选用标准件，标准件根据管道尺寸放样制作，端头预留连接接头。变径管道需要根据具体情况进行单独设计，必要时可进行放样制作。

隔声帘的最终隔声效果与连接方式有关，一般要求隔声帘与管道外表面贴合紧密，包裹坚实。为确保密封，隔声帘之间应采用搭接形式。管道表面温度较高时，可先在管道外表面上进行隔声处理，然后采用隔声帘进行包扎。

采用隔声帘包扎后，不需要另行使用外护面层。管道外护面层有特定要求时，可在隔声帘外进行安装。

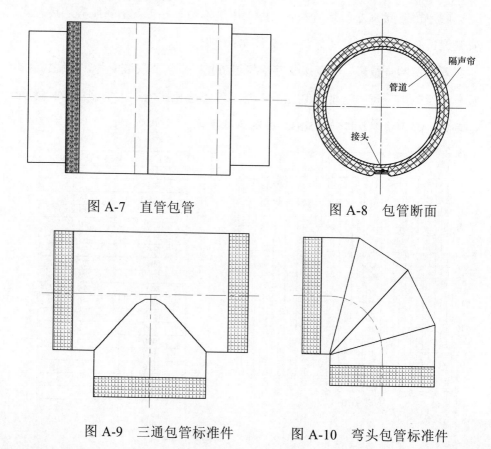

图 A-7　直管包管　　　　　　　　图 A-8　包管断面

图 A-9　三通包管标准件　　　　　图 A-10　弯头包管标准件

隔声帘的常用幅宽为 1m 及 1.2m，展开长度 $L=\pi(\phi+15)+50$，式中 ϕ 为管道外径。展开长度与管径相关，通常对展开长度无限制，长度过大时，可以采用拼接的方式加长，具体可视项目情况确定。

4. 安装施工

隔声帘的重量轻，可直接安装于管道外壁，不需要安装龙骨。吸声层及隔声层可一次性安装完成，与传统工艺相比周期大量缩短。具体工艺流程如下：

（1）表面清理：将需要降噪管道部分的金属表面的铁锈、灰尘、杂物及油污彻底清理干净。

（2）隔声帘敷设：隔声帘之间采用搭接方式施工，搭接距离不小于 50mm，隔声帘自身及隔声帘之间，采用魔术贴或尼龙扎带固定牢固即可。对于需要经常维修的部位、人孔门处、流量测量装置处、法兰、伸缩节等，做成可拆卸式

（3）外护安装与装饰：隔声帘安装后，可不另行采用外护及装饰，有特殊要求时，可按要求安装外护，在外护安装结束后对连接处进行装饰及外露修补。

附录B 管道立体图

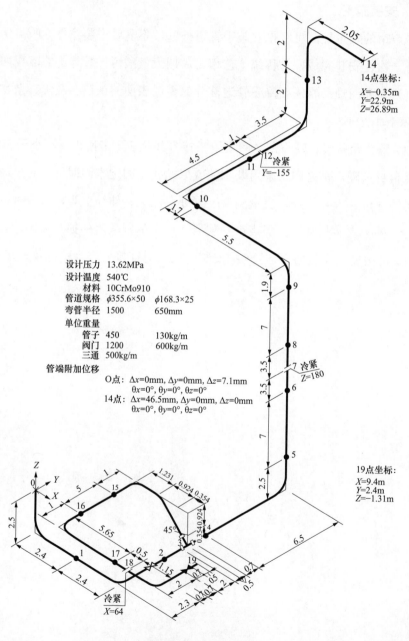

设计压力 13.62MPa
设计温度 540℃
材料 10CrMo910
管道规格 φ355.6×50 φ168.3×25
弯管半径 1500 650mm
单位重量
管子 450 130kg/m
阀门 1200 600kg/m
三通 500kg/m
管端附加位移
O点：Δx=0mm, Δy=0mm, Δz=7.1mm
θx=0°, θy=0°, θz=0°
14点：Δx=46.5mm, Δy=0mm, Δz=0mm
θx=0°, θy=0°, θz=0°

14点坐标：
X=-0.35m
Y=22.9m
Z=26.89m

19点坐标：
X=9.4m
Y=2.4m
Z=-1.31m

图 B 管道立体图

附录C 管道三维模型

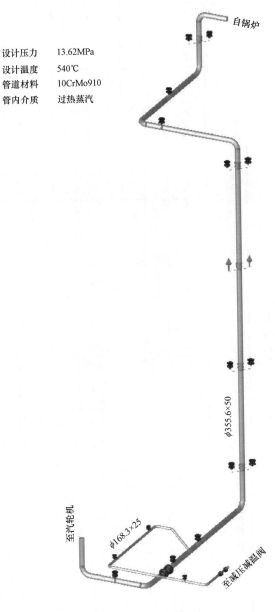

设计压力　　13.62MPa
设计温度　　540℃
管道材料　　10CrMo910
管内介质　　过热蒸汽

图C 管道三维模型

附录 D 钢管材料许用应力

表 D 钢管材料许用应力

产品型式及标准号：GB 5310　无缝钢管

牌号或级别	室温拉伸强度 (MPa) Rm	Rel 或 Rp0.2	\ 在下列温度 (℃) 下的许用应力 (MPa) \ 20	200	250	260	270	280	290	300	310	320	330	340	350	360	370	380	390	400	410	420	430	440
20G	410~550	245	137	135	125	123	120	118	115	113	111	109	106	102	100	97	95	92	89	87	83	78	72	63
15MoG	450~600	270	150	150	137	133	130	126	123	120	118	117	115	114	113	111	110	109	108	107	106	105	104	103
12CrMoG	410~560	205	137	121	117	116	115	115	114	113	112	112	111	111	110	109	108	108	107	106	105	104	102	101
15CrMoG	440~640	295	147	135	146	146	146	145	144	143	141	140	138	136	135	132	132	131	129	128	127	126	125	124
12Cr2MoG	450~600	280	150	124	124	124	124	124	124	124	124	124	124	124	124	124	124	123	123	123	123	122	122	121
12Cr1MoVG	470~640	255	157	157	156	155	154	153	152	151	149	148	146	144	143	141	140	138	137	135	133	132	131	130
15Ni1Mn MoNbCu	620~780	440	207	207	207	207	207	207	207	207	207	207	207	207	207									
10Cr9Mo1VN bN<75mm	585~830	415	168	167	166	165	165	164	164	164	163	163	162	161	161	159	157	156	154	153	150	148	145	143
10Cr9Mo1VN bN≥75mm	585~830	415	168	167	166	165	165	164	164	164	163	163	162	161	161	159	157	156	154	153	150	148	145	143

续表

产品型式及标准号	牌号或级别	室温拉伸强度（MPa）		在下列温度（℃）下的许用应力（MPa）																					推荐使用温度范围
		R_m	R_{el}或$R_{p0.2}$	450	460	470	480	490	500	510	520	530	540	550	560	570	580	590	600	610	620	630	640	650	
GB 5310 无缝钢管	20G	410~550	245	55																					不大于425℃
	15MoG	450~600	270	103	102	101	95	78	62	49	39														不大于470℃
	12CrMoG	410~560	205	100	98	97	96	86	75	63	55	47													不大于510℃
	15CrMoG	440~640	295	123	122	120	119	112	96	82	69	59	49												不大于510℃
	12Cr2MoG	450~600	280	116	110	103	95	88	81	74	68	61	54	48	42	37									不大于565℃
	12Cr1MoVG	470~640	255																						不大于555℃
	15Ni1MnMoNbCu	620~780	440																						不大于350℃
	10Cr9Mo1VNbN<75mm	585~830	415	141	138	135	132	129	126	122	118	115	111	107	99.6	92.2	83.8	74.4	65.0	57.2	49.4	42.0	35.5	28.9	不大于600℃
	10Cr9Mo1VNbN≥75mm	585~830	415	141	138	135	132	129	122	119	119	115	109	103	94.0	85.0	76.8	69.2	61.6	55.2	48.8	42.3	35.6	28.9	不大于600℃

续表

产品型式及标准号	牌号或级别	室温拉伸强度（MPa） R_m	R_{el}或$R_{p0.2}$	在下列温度（℃）下的许用应力（MPa） 20	250	260	270	280	290	300	310	320	330	340	350	360	370	380	390	400	410	420	430	440	450
GB 5310	07Cr19Ni10	不小于515	205	137	90	89	88	87.8	86.8	86.0	85.2	84.4	83.6	82.8	82.0	81.4	80.9	80.4	79.8	79.3	78.6	78.0	77.3	76.6	76.0
GB 5310	07Cr18Ni11Nb	不小于520	205	137	105	104	103	102	101	100	99.3	98.6	98.0	97.3	96.6	96.1	95.6	95.0	94.5	94.0	93.7	93.4	93.2	92.9	92.6
GB 3087	10	335~475	195（205）	111	104	101	98	96	93	91	89	87	85	83	80	78	76	75	73	70	68	66	61	55	49
GB 3087	20	410~550	225（245）	137	125	123	120	118	115	113	111	109	106	102	100	97	95	92	89	87	83	78	72	63	55
GB 8163	Q345	490~665	315	156	149	146	143	140	137	135	132	131	130	130	129	127	124	122							
GB 8163	10	335~475	195（205）	111	104	101	98	96	93	91	89	87	85	83	80	78	76	75	73	70	68	66	61	55	49
GB 8163	20	410~550	225（245）	137	125	123	120	118	115	113	111	109	106	102	100	97	95	92	89	87	83	78	72	63	55
GB/T 3091	Q235B	≥370	225（235）	123	113	111	108	105	103	101	97	93	90	88	85										
GB/T 3091	Q345	≥470	325（345）	157	149	146	143	140	137	135	132	131	130	130	129	127	124	122							

焊接钢管

续表

产品型式及标准号	牌号或级别	室温拉伸强度（MPa）		在下列温度（℃）下的许用应力（MPa）																						推荐使用温度范围
		R_m	R_{el}或$R_{p0.2}$	460	470	480	490	500	510	520	530	540	550	560	570	580	590	600	610	620	630	640	650	660	
GB 5310	07Cr19Ni10	不小于515	205	75.4	74.9	74.4	73.8	73.3	72.6	72.0	71.3	70.6	70.0	69.2	68.4	67.6	66.8	64.0	58.6	54.0	49.3	45.3	42.0	38.0	不大于650℃
	07Cr18Ni11Nb	不小于520	205	92.4	92.1	91.8	91.6	91.3	90.5	89.7	88.9	88.1	87.3	85.0	82.8	80.5	78.2	76.0	73.7	71.4	66.7	60.6	54.6	49.3	不大于650℃
GB 3087	10	335～475	195（205）																						不大于425℃
	20	410～550	225（245）																						不大于425℃
	Q345	490～665	315																						不大于350℃
GB 8163	10	335～475	195（205）																						不大于425℃
	20	410～550	225（245）																						不大于425℃
焊接钢管																										
GB/T 3091	Q235B	≥370	225（235）																						不大于300℃
	Q345	≥470	325（345）																						不大于350℃

注: 1. R_m为钢材在室温时的抗拉强度最小值，MPa；R_{el}为钢材在室温时的屈服强度最小值，MPa；$R_{p0.2}$为钢材在室温时的0.2%规定非比例延伸强度最小值MPa。
2. 相邻金属温度数值之间的许用应力可用应力内插法确定，并舍弃小数点后的数字。
3. 粗线右方的许用应力值由蠕变性能决定。
4. 焊接钢管的许用应力未考虑焊缝质量系数。

附录E 钢板材料许用应力

表E 钢板材料许用应力

产品型式及标准号	牌号或级别	厚度	室温拉伸强度（MPa）		在下列温度（℃）下的许用应力（MPa）																		
			R_m	R_{eL}或$R_{p0.2}$	20	250	260	270	280	290	300	310	320	330	340	350	360	370	380	390	400	410	420
GB 713	Q245R	3 < t ≤ 16	400~520	245	133	111	109	107	105	103	102	100	98	96	94	92	91	90	88	87	86	84	81
	Q245R	16 < t ≤ 36	400~520	235	133	111	109	107	105	103	102	100	98	96	94	92	91	90	88	87	86	84	81
	Q245R	36 < t ≤ 60	400~520	225	133	107	105	103	101	99	98	96	94	92	90	88	87	86	84	83	82	81	80
	Q345R	≤ 16	510~640	345	170	156	154	151	148	146	143	141	139	137	135	133	132	130	129	128	126		
	Q345R	t ≤ 36	500~630	325	166	156	154	151	148	146	143	141	139	137	135	133	132	130	129	128	126		
	Q345R	36 < t ≤ 60	490~620	315	163	146	144	141	138	136	133	131	129	127	125	123	122	120	119	118	116		
	Q345R	60 < t ≤ 100	490~620	305	163	136	134	131	128	126	123	122	120	119	118	116	115	114	112	111	110		
	15CrMOR	6 < t ≤ 60	450~590	295	150	150	148	146	144	142	140	138	137	136	134	133	131	130	128	127	126	124	123
	15CrMOR	60 < t ≤ 100	450~590	275	150	140	138	136	134	132	130	129	128	126	125	124	122	121	120	118	117	116	114
	12Cr1MOVR	6 < t ≤ 60	440~590	245	146	126	124	122	121	119	117	116	114	113	112	111	110	108	107	106	104	103	102
	12Cr1MOVR	60 < t ≤ 100	430~580	235	143	126	124	122	121	119	117	116	114	113	112	111	110	108	107	106	104	103	102
GB 3274	Q235		370~500	235	125	113	111	108	105	103	101	97	93	90	88	85							
	Q345		490~665	315	156	149	146	143	140	137	135	132	131	130	130	129	127	124	122				

续表

产品型式及标准号	牌号或级别		室温拉伸强度 (MPa)		在下列温度 (℃) 下的许用应力 (MPa)																
			R_m	R_{el} 或 $R_{p0.2}$	430	440	450	460	470	480	490	500	510	520	530	540	550	560	570	580	
GB 713	Q245R	3 < t ≤ 16	400~520	245	72	63	55														不大于 425℃
		16 < t ≤ 36	400~520	235	72	63	55														
		36 < t ≤ 60	400~520	225	72	63	55														
	Q345R	≤ 16	510~640	345																	
		t ≤ 36	500~630	325																	
		36 < t ≤ 60	490~620	315																	不大于 425℃
		60 < t ≤ 100	490~620	305																	
	15CrMOVR	20 < t ≤ 60	450~590	295	122	120	119	118	118	117	112	96	82	69	59	49	41				不大于 510℃
		60 < t ≤ 100	450~590	275	113	112	111	110	110	109	108	96	82	69	59	49	41				
	12Cr1MOVR	6 < t ≤ 60	440~590	245	101	100	100	98	97	96	95	94	93	88	79	72	65	58			不大于 555℃
		60 < t ≤ 100	430~580	235	101	100	100	98	97	96	95	94	93	88	79	72	65	58			
GB 3274	Q235		370~500	235																	不大于 425℃
	Q345		490~665	315																	不大于 425℃

注: 1. R_m 为钢材在室温时的抗拉强度最小值，MPa; R_{el} 为钢材在室温时的屈服强度最小值，MPa; $R_{p0.2}$ 为钢材在室温时的 0.2% 规定非比例延伸强度最小值 MPa。
2. 粗线右方的许用应力值由蠕变性能决定。

附录 F　常用国产钢材的弹性模量数据

常用国产钢材的弹性模量数据

表 F　　　　　　　　　　　　　　　　　　　　　　　　　　　　　　　GPa

钢号	10	20、20G	15CrMo	12Cr1MoV	12Cr2MoWVTiB	12Cr2MoG	15Ni1MnMoNbCu	10Cr9Mo1VNbN	10Cr9MoW2VNbBN	11Cr9Mo1W1VNbBN	Q235	Q345
标准号	GB 3087	GB 3087 GB 5310	GB 5310	GB 5310	GB 5310	GB 5310	GB 5310	GB 5310	GB 5310	GB 5310	GB 700	GB/T 8163
工作温度(℃) 20	198	198	206	208	213	218	211	218	217	208	206	206
100	191	183	199	205	208	213	210（50℃）	213	214	203	200	200
200	181	175	190	201	204	206	206（100℃）	210	207	196	192	189
250	176	171	187	197	201		203（150℃）	207			188	185
260	175	170	186	196	200		200（200℃）			192	187	184
280	173	168	183	194	199		196（250℃）				186	183
300	171	166	181	192	198	199	192	199	200	189	184	181
320	168	165	179	190	196							179
340	166	163	177	188	194							177
350	164	162	176	187	192		188	195	196	185		176
360	163	161	175	186	190							175
380	160	159	173	183	188							173
400	157	158	172	181	186	191	184	190	192	181		171
410	156	155	171	180	185							

续表

钢号	10	20,20G	15CrMo	12Cr1MoV	12Cr2MoWVTiB	12Cr2MoG	15Ni1MnMoNbCu	10Cr9Mo1VNbN	10Cr9MoW2VNbBN	11Cr9Mo1W1VNbBN	Q235	Q345
标准号	GB 3087	GB 3087 GB 5310	GB 5310	GB 5310	GB 5310	GB 5310	GB 5310	GB 5310	GB 5310	GB 5310	GB 700	GB/T 8163
工作温度(℃)												
420	155	153	170	178	184							
430	155	151	169	177	184							
440	154	148	168	175	183							
450	153	146	167	174	183		179	186	187	176		
460		144	166	172	182							
470		141	165	170	182							
480		129	164	168	181							
490			164	166	180							
500			163	165	179	181		181	182	171		
510			162	163								
520			161	162								
530			160	160								
540			159	158								
550				157				175	176	166		
560				153								
570				153								
580				152		170						
590												
600								168	170	160		
650								162	164	154		

附录 G　常用钢材类型的弹性模量近似数据

表 G　常用钢材类型的弹性模量近似数据

GPa

钢种		工作温度（℃）														
		21	93	149	204	260	316	371	427	482	538	593
碳钢	含碳量≤0.30%	203	199	195	191	188	184	176	167	154	141	124
	含碳量＞0.30%	202	197	194	190	187	183	174	165	154	139	123
铬钢	1/2Cr～2Cr	204	200	196	192	190	185	181	176	171	165	159
	2.25Cr～3Cr	211	205	203	199	195	191	187	181	177	170	163
	5Cr～9Cr	213	207	204	200	197	193	188	180	170	157	141

附录 H　常用国产钢材的平均热膨胀系数

表 H　常用国产钢材的平均热膨胀系数

$10^{-6}/℃$

钢号	10	20.20G	15CrMO	12Cr1MOV	12Cr2MOWVTiB	12Cr2MOG	15Ni1MnMoNbCU	10Cr9M01VNbN	10Cr9MOW2VNbBN	11Cr9M01W1VNbBN	JQ235	Q345
标准号	GB 3087	GB 3087 GB 5310	GB 5310	GB 5310	GB 5310	GB 5310	GB 5310	GB 5310	GB 5310	GB 5310	GB/T 3091	GB/T 8163
工作温度（从20℃至下列温度）（℃） 20	—	—	—	—	—	—		—	—	—	—	—
50							11.8	10.6	10.6	10.5		
100	11.9	11.16	11.9	13.6	11	12	12.2	10.9	10.7	10.7	12.2	8.31
150							12.5	11.1	10.9	10.9		
200	12.6	12.12	12.6	13.7	11.9	13	12.9	11.3	11.1	11.1	13	10.99
250	12.7	12.45	12.9	13.85	12.4		13.2	11.5	11.2	11.3	13.23	11.6
260	12.72	12.52	12.96	13.88	12.5						13.27	11.78
280	12.76	12.65	13.08	13.94	12.7						13.36	12.05
300	12.8	12.78	13.2	14	12.9	13	13.4	11.7	11.5	11.5	13.45	12.31
320	12.84	12.99	13.3	14.04	12.96							12.49
340	12.88	13.2	13.4	14.08	13.02							12.68
350	12.9	13.31	13.45	14.1	13.05		13.7	11.8				12.77
360	12.92	13.41	13.5	14.12	13.08							12.86

续表

工作温度（从20℃至下列温度）（℃）	钢号 标准号	10 GB 3087	20.20G GB 3087 GB 5310	15CrMO GB 5310	12Cr1MOV GB 5310	12Cr2MO WVTiB GB 5310	12Cr2MOG GB 5310	15Ni1Mn MoNbCU GB 5310	10Cr9 M01VNbN GB 5310	10Cr9MO W2VNbBN GB 5310	11Cr9M01 W1VNbBN GB 5310	JQ235 GB/T 3091	Q345 GB/T 8163
380		12.96	13.62	13.6	14.16	13.14							13.04
400		13	13.83	13.7	14.2	13.2	14	14.0	12	11.7	11.7		13.22
410		13.1	13.84	13.73	14.23	13.23							
420		13.2	13.85	13.76	14.26	13.26							
430		13.3	13.86	13.79	14.29	13.29							
440		13.4	13.87	13.82	14.32	13.32							
450		13.5	13.88	13.85	14.35	13.35		14.1	12.1	11.9	11.9		
460			13.89	13.88	14.38	13.38							
470			13.9	13.91	14.41	13.41							
480			13.91	13.94	14.44	13.44							
490				13.97	14.47	13.47							
500				14	14.5	13.5	14		12.3	12.0	12.1		
510				14.03	14.52								
520				14.06	14.54								
530				14.09	14.56								
540				14.12	14.58				12.4	12.3			
550					14.6						13.7		

续表

钢号	10	20.20G	15CrMO	12Cr1MOV	12Cr2MOWVTiB	12Cr2MOG	15Ni1MnMoNbCU	10Cr9M01VNbN	10Cr9MOW2VNbBN	11Cr9M01W1VNbBN	JQ235	Q345
标准号	GB 3087	GB 3087 GB 5310	GB 5310	GB 5310	GB 5310	GB 5310	GB 5310	GB 5310	GB 5310	GB 5310	GB/T 3091	GB/T 8163
工作温度（从入20℃至下列温度）（℃） 560				14.62								
570				14.64								
580				14.68								
590												
600								12.6	12.5	13.9		
650								12.7	12.6	14.0		

附录 I　常用钢材类型的平均热膨胀系数近似数据

表 I　常用钢材类型的平均热膨胀系数近似数据

单位：$10^{-6}/℃$

钢种	工作温度（从 20℃起至下列温度）																
	-200	-100	-50	20	50	75	100	125	150	175	200	225	250	275	300	325	350
第1类 碳钢和低合金钢	-2.2	-1.3	-0.8	0	0.4	0.7	1.0	1.3	1.6	1.9	2.3	2.6	3.0	3.4	3.7	4.1	4.5
第2类 碳钢和低合金钢	-2.4	-1.4	-0.8	0	0.4	0.7	1.0	1.4	1.7	2.1	2.5	2.8	3.2	3.6	3.9	4.3	4.7
5Cr-1Mo	-2.2	-1.3	-0.8	0	0.4	0.7	1.0	1.3	1.6	1.9	2.3	2.6	2.9	3.3	3.6	3.9	4.3
9Cr-1Mo	-2.0	-1.2	-0.7	0	0.3	0.6	0.9	1.1	1.4	1.7	2.0	2.3	2.6	3.0	3.3	3.6	3.9

钢种	工作温度（从 20℃起至下列温度）																
	375	400	425	450	475	500	525	550	575	600	625	650	675	700	725	750	775
第1类 碳钢和低合金钢	4.1	4.5	4.9	5.2	5.6	6.1	6.5	6.9	7.3	7.7	8.1	8.6	9.0	9.4	9.8		
第2类 碳钢和低合金钢	5.1	5.5	5.9	6.3	6.7	7.1	7.5	7.9	8.3	8.7	9.1	9.5	9.9	10.3			

续表

钢种	工作温度（从20℃起至下列温度）																
	−200	−100	−50	20	50	75	100	125	150	175	200	225	250	275	300	325	350
5Cr–1Mo	4.6	5.0	5.3	5.7	6.1	6.4	6.8	7.2	7.5	7.9	8.3	8.7	9.1	9.4			
9Cr–1Mo	4.2	4.6	4.9	5.2	5.6	5.9	6.3	6.6	7.0	7.3	7.7	8.1	8.4	8.8			

（1）这些数据仅作为资料提供，并不意味着材料适用于所有的温度范围。

（2）第1类合金（按公称化学成分）：

碳钢（C，C – Si，C – Mn，andC – Mn – Si）

C – 1/2Mo

1/2Cr – 1/5Mo – V   1/2Ni – 1/2Mo – V

1/2Cr – 1/4Mo – Si   1/2Ni – 1/2Cr – 1/4Mo – V

1/2Cr – 1/2Ni – 1/4Mo   1/2Cr – 1/2Mo

3/4Cr – 3/4Ni – Cu – Al   3/4Cr – 1/2Ni – Cu

1Cr – 1/5Mo – Si   1Cr – 1/5Mo

1Cr – 1/2Mo – V   1Cr – 1/2Mo

11/4Cr – 1/2Mo – Si   11/4Cr – 1/2Mo

2Cr – 1/2Mo   13/4Cr – 1/2Mo – Cu

3Cr – 1Mo   21/4Cr – 1Mo

（3）第2类合金（按公称化学成分）：

Mn – V

Mn – 1/4Mo

Mn – 1/2Mo

Mn – 1/2Mo – 1/4Ni

Mn – 1/2Mo – 1/2Ni

Mn – 1/2Mo – 3/4Ni

161

附录 J 300~1000MW 发电机组主要管道设计参数及材质

表 J   300~1000MW 发电机组主要管道设计参数及材质

管道名称	设计压力（MPa）	设计温度（℃）	材料	执行标准	
				尺寸	材料
亚临界 300MW 机组					
给水阀前/阀后	27.3/24.6	185/285	15NiCuMoNb5-6-4	EN 10216-2	
主蒸汽	17.5	546	A335P91		ASTM A335
再热冷段	4.8	355	A672B70CL32	ASME B36.10	ASTM A672
再热热段	4.8	546	A335P22		ASTM A335
超临界 350MW 机组					
给水阀前/阀后	35/33	183/283	15NiCuMoNb5-6-4	EN 10216-2	
主蒸汽	25.4	576	A335P91		ASTM A335
再热冷段	5.28	398.8	A672B70CL32	ASME B36.10	ASTM A691
再热热段	4.9	574	A335P91		ASTM A335
亚临界 600MW 机组					
给水阀前/阀后	32/28	185/285	15NiCuMoNb5-6-4	EN 10216-2	
主蒸汽	17.5	546	A335P91		ASTM A335
再热冷段	4.8	355	A672B70CL32	ASME B 36.10	ASTM A672
再热热段	4.8	546	A335P22		ASTM A335
超临界 600MW 机组					
给水阀前/阀后	38/35	193/286	15NiCuMoNb5-6-4	EN 10216-2	

续表

管道名称	设计压力（MPa）	设计温度（℃）	材料	执行标准	
				尺寸	材料
超临界 600MW 机组					
主蒸汽	25.4	576	A335P91	ASTM A335	
再热冷段	5.42	342	A672B70CL32	ASTM A672	
再热热段	5.42	573	A335P91	ASTM A335	
超超临界 600MW 机组					
给水阀前/阀后	39/36	193/295	15NiCuMoNb5-6-4	EN 10216-2	
主蒸汽	27.46	610	X10CrWMoVNb9-2（P92）	EN 10216-2：2002+A2：2007	
再热冷段	5.7	372	A672B70CL32	ASTM A672	
		425	A691 1-1/4CrCL22	ASTM A691	
再热热段	5.7	608	X10CrWMoVNb9-2（P92）	EN10216-2：2002+A2：2007	
超超临界 1000MW 机组（哈汽、东方）					
给水阀前/阀后	39/36	193/302	15NiCuMoNb5-6-4	EN 10216-2	
主蒸汽	27.46	610	X10CrWMoVNb9-2（P92）	EN10216-2：2002+A2：2007	
再热冷段	6	385	A672B70CL32	ASTM A672	
		425	A691 1-1/4Cr CL22	ASTM A691	
再热热段	6	608	X10CrWMoVNb9-2（P92）	EN10216-2：2002+A2：2007	
超超临界 1000MW 机组（上海 SIEMENS）					
给水阀前/阀后	42/38	193/302	15NiCuMoNb5-6-4	EN 10216-2	
主蒸汽	28.84	610	X10CrWMoVNb9-2（P92）	EN10216-2：2002+A2：2007	

续表

管道名称	设计压力（MPa）	设计温度（℃）	材料	执行标准	
				尺寸	材料
超超临界 1000MW 机组（上海 SIEMENS）					
再热冷段	7.3	400	A672B70CL32	ASTM A672	
		425	A691 1-1/4Cr CL22	ASTM A691	
再热热段	7.3	608	X10CrWMoVNb9-2（P92）	EN10216-2：2002+ A2：2007	

附录 K　常用管道水平直管支吊架允许间距

表 K　　常用管道水平直管支吊架允许间距

| 序号 | 管道规格（mm） | | 管道自重（N/m） | 管道含水总重（N/m） | 管道截面抗弯矩 W（cm³） | 管道支吊架允许间距（m） | 充水管道支吊架允许间距（m） |
	管道外径 DW	管道壁厚 s					
1	18	2	7.74	9.25	0.36	2.45	2.24
2	25	2	11.13	14.52	0.77	2.98	2.61
3	32	2.5	17.84	23.45	1.59	3.37	2.94
4	38	2.5	21.46	29.85	2.32	3.72	3.16
5	45	2.5	25.70	38.02	3.36	4.09	3.36
6	57	3	39.18	59.21	6.53	4.62	3.76
7	73	3	50.79	85.37	11.09	5.29	4.08
8	76	3	52.97	90.71	12.08	5.40	4.13
9	76	3.5	61.37	98.04	13.82	5.37	4.25
10	76	6	101.58	133.13	21.42	5.20	4.54
11	76	8	131.57	159.30	26.35	5.06	4.60

续表

序号	管道规格（mm）		管道自重（N/m）	管道含水总重（N/m）	管道截面抗弯矩 W（cm³）	管道支吊架允许间距（m）	充水管道支吊架允许间距（m）
	管道外径 DW	管道壁厚 s					
12	76	10	159.62	183.78	30.39	4.94	4.60
13	89	3.5	72.38	124.17	19.34	5.85	4.46
14	89	4	82.23	132.77	21.73	5.82	4.58
15	89	4.5	91.97	141.26	24.03	5.78	4.67
16	89	7	138.82	182.15	34.31	5.62	4.91
17	89	9	174.14	212.96	41.18	5.50	4.97
18	89	10	191.07	227.74	44.21	5.44	4.98
19	89	11	207.51	242.09	46.98	5.38	4.98
20	89	12	223.47	256.02	49.52	5.33	4.98
21	108	4	100.61	177.64	32.77	6.46	4.86
22	108	4.5	112.64	188.14	36.35	6.43	4.97
23	108	8	193.48	258.68	58.55	6.22	5.38
24	108	9	215.49	277.88	64.03	6.17	5.43
25	108	11	258.06	315.03	73.95	6.06	5.48
26	108	12	278.62	332.97	78.41	6.00	5.49

续表

序号	管道规格 (mm)		管道自重 (N/m)	管道含水总重 (N/m)	管道截面抗弯矩 W (cm³)	管道支吊架允许间距 (m)	充水管道支吊架允许间距 (m)
	管道外径 DW	管道壁厚 s					
27	108	14	318.28	367.58	86.44	5.90	5.49
28	133	4	124.80	245.15	50.76	7.22	5.15
29	133	4.5	139.85	258.28	56.45	7.19	5.29
30	133	5	154.79	271.32	62.02	7.16	5.41
31	133	5.6	172.55	286.82	68.51	7.13	5.53
32	133	6	184.29	297.06	72.74	7.11	5.60
33	133	8	241.86	347.29	92.65	7.00	5.84
34	133	10	297.48	395.83	110.62	6.90	5.98
35	133	11	324.57	419.47	118.91	6.85	6.02
36	133	12.5	364.29	454.14	130.54	6.77	6.07
37	133	14	402.93	487.85	141.25	6.70	6.09
38	133	14.2	408.00	492.27	142.61	6.69	6.09
39	133	16	452.75	531.33	154.16	6.60	6.09
40	133	17.5	488.85	562.82	162.88	6.53	6.09
41	133	18	500.64	573.11	165.62	6.51	6.08

续表

序号	管道规格（mm）		管道自重（N/m）	管道含水总重（N/m）	管道截面抗弯矩 W（cm³）	管道支吊架允许间距（m）	充水管道支吊架允许间距（m）
	管道外径 DW	管道壁厚 s					
42	133	22.2	594.91	655.37	185.48	6.32	6.02
43	159	4.5	168.15	341.45	82.05	7.90	5.55
44	159	7	257.33	419.28	121.69	7.78	6.10
45	168	7	272.57	455.24	136.83	8.02	6.20
46	168	12	452.75	612.47	214.24	7.78	6.69
47	168	14	521.44	672.41	241.02	7.69	6.77
48	168	16	588.19	730.66	265.59	7.60	6.82
49	168	18	653.01	787.22	288.10	7.51	6.84
50	168	20	715.89	842.09	308.64	7.43	6.85
51	168	22	776.84	895.27	327.35	7.34	6.84
52	168.3	5.6	220.36	410.46	112.69	8.09	5.93
53	168.3	7.1	276.81	459.72	139.06	8.02	6.22
54	168.3	10	382.86	552.26	185.86	7.88	6.56
55	168.3	14.2	529.23	679.98	244.55	7.69	6.78
56	168.3	16	589.35	732.45	266.68	7.61	6.83

续表

序号	管道规格（mm）		管道自重（N/m）	管道含水总重（N/m）	管道截面抗弯矩 W（cm³）	管道支吊架允许间距（m）	充水管道支吊架允许间距（m）
	管道外径 DW	管道壁厚 s					
57	168.3	17.5	638.26	775.12	283.83	7.54	6.85
58	168.3	20	717.34	844.13	309.95	7.44	6.86
59	168.3	22.2	784.44	902.68	330.54	7.34	6.85
60	168.3	28	950.10	1047.24	375.23	7.11	6.77
61	193.7	6.3	285.54	538.16	168.31	8.69	6.33
62	193.7	7.1	320.42	568.60	187.32	8.65	6.49
63	193.7	8	359.30	602.52	208.11	8.61	6.65
64	193.7	10	444.29	676.68	252.10	8.52	6.91
65	193.7	11	486.06	713.13	272.99	8.48	7.00
66	193.7	16	687.64	889.04	366.99	8.27	7.27
67	193.7	20	840.21	1022.16	430.64	8.10	7.34
68	193.7	22.2	920.82	1092.51	461.66	8.01	7.35
69	193.7	25	1020.02	1179.08	497.37	7.90	7.35
70	193.7	28	1122.11	1268.16	531.27	7.78	7.32
71	193.7	32	1251.46	1381.03	570.06	7.64	7.27

续表

序号	管道规格（mm）		管道自重（N/m）	管道含水总重（N/m）	管道截面抗弯矩 W（cm³）	管道支吊架允许间距（m）	充水管道支吊架允许间距（m）
	管道外径 DW	管道壁厚 s					
72	194	5	228.55	489.33	136.76	8.75	5.98
73	194	5.5	250.74	508.69	149.26	8.73	6.13
74	194	9	402.69	641.28	231.25	8.57	6.79
75	194	10	445.01	678.21	252.94	8.53	6.91
76	194	14	609.48	821.72	332.55	8.36	7.20
77	194	16	688.80	890.95	368.27	8.27	7.27
78	194	18	766.20	958.48	401.44	8.19	7.32
79	194	20	841.66	1024.33	432.18	8.11	7.35
80	194	22	915.18	1088.48	460.62	8.03	7.36
81	194	25	1021.84	1181.56	499.22	7.91	7.35
82	219	5	258.79	595.23	175.83	9.33	6.15
83	219	6	309.09	639.13	208.10	9.28	6.46
84	219	8	408.25	725.66	269.90	9.20	6.90
85	219	9	457.11	768.29	299.46	9.16	7.06
86	219	16	785.55	1054.89	483.00	8.87	7.66

续表

序号	管道规格（mm）		管道自重（N/m）	管道含水总重（N/m）	管道截面抗弯矩 W（cm³）	管道支吊架允许间距（m）	充水管道支吊架允许间距（m）
	管道外径 DW	管道壁厚 s					
87	219	18	875.03	1132.98	528.42	8.79	7.73
88	219	22	1048.20	1284.09	610.73	8.64	7.80
89	219	25	1173.00	1392.99	665.49	8.52	7.82
90	219	28	1293.44	1498.09	714.72	8.41	7.81
91	219.1	6.3	324.24	652.69	217.81	9.27	6.54
92	219.1	7.1	364.04	687.42	242.77	9.24	6.72
93	219.1	8	408.45	726.17	270.16	9.20	6.90
94	219.1	10	505.72	811.05	328.47	9.12	7.20
95	219.1	11	553.63	852.86	356.34	9.08	7.31
96	219.1	12.5	624.59	914.78	396.58	9.02	7.45
97	219.1	17.5	853.27	1114.32	517.87	8.81	7.71
98	219.1	22.2	1057.19	1292.27	615.21	8.63	7.81
99	219.1	25	1173.60	1393.85	666.21	8.52	7.82
100	219.1	28	1294.12	1499.02	715.50	8.41	7.82
101	219.1	30	1372.05	1567.01	745.48	8.34	7.80

续表

序号	管道规格（mm）		管道自重（N/m）	管道含水总重（N/m）	管道截面抗弯矩 W（cm³）	管道支吊架允许间距（m）	充水管道支吊架允许间距（m）
	管道外径 DW	管道壁厚 s					
102	219.1	36	1594.21	1760.88	822.79	8.13	7.73
103	245	5	290.23	715.59	221.67	9.89	6.30
104	245	7	402.93	813.94	302.78	9.81	6.90
105	245	10	568.36	958.29	416.79	9.69	7.46
106	245	18	988.22	1324.67	679.20	9.38	8.10
107	245	20	1088.35	1412.04	736.07	9.30	8.17
108	245	25	1330.20	1623.09	864.38	9.12	8.26
109	245	28	1469.51	1744.65	932.46	9.01	8.27
110	245	32	1648.49	1900.82	1013.69	8.87	8.26
111	244.5	7.1	407.66	816.18	305.42	9.79	6.92
112	244.5	8	457.59	859.75	340.32	9.76	7.12
113	244.5	8.8	501.65	898.19	370.66	9.73	7.27
114	244.5	11	621.21	1002.52	450.84	9.64	7.59
115	244.5	12.5	701.38	1072.48	502.86	9.58	7.75
116	244.5	14.2	790.93	1150.63	559.28	9.51	7.89

续表

序号	管道规格（mm）		管道自重（N/m）	管道含水总重（N/m）	管道截面抗弯矩 W（cm³）	管道支吊架允许间距（m）	充水管道支吊架允许间距（m）
	管道外径 DW	管道壁厚 s					
117	244.5	20	1085.93	1408.05	732.69	9.29	8.16
118	244.5	25	1327.18	1618.56	860.30	9.11	8.25
119	244.5	28	1466.13	1739.81	928.00	9.00	8.26
120	244.5	30	1556.34	1818.53	969.68	8.93	8.26
121	244.5	36	1815.37	2044.56	1079.42	8.72	8.22
122	244.5	40	1978.38	2186.81	1140.92	8.59	8.17
123	273	6	387.45	912.15	328.72	10.42	6.79
124	273	7	450.33	967.02	379.29	10.38	7.09
125	273	7.1	456.60	972.48	384.28	10.38	7.11
126	273	8	512.73	1021.47	428.70	10.35	7.33
127	273	8.8	562.30	1064.73	467.40	10.31	7.50
128	273	9	574.65	1075.50	476.96	10.31	7.53
129	273	10	636.08	1129.10	524.11	10.27	7.71
130	273	11	697.03	1182.29	570.15	10.23	7.86
131	273	12.5	787.54	1261.27	637.18	10.18	8.04

173

序号	管道规格（mm）		管道自重（N/m）	管道含水总重（N/m）	管道截面抗弯矩 W（cm³）	管道支吊架允许间距（m）	充水管道支吊架允许间距（m）
	管道外径 DW	管道壁厚 s					
132	273	14.2	888.81	1349.64	710.25	10.11	8.21
133	273	16	994.51	1441.87	784.38	10.05	8.34
134	273	20	1223.79	1641.94	937.61	9.90	8.55
135	273	22	1335.53	1739.45	1008.54	9.83	8.61
136	273	22.2	1346.59	1749.10	1015.44	9.82	8.62
137	273	28	1659.13	2021.83	1200.10	9.62	8.72
138	273	30	1763.13	2112.58	1257.29	9.55	8.73
139	273	32	1865.19	2201.64	1311.35	9.49	8.73
140	273	36	2063.51	2374.69	1410.53	9.35	8.72
141	273	40	2254.09	2541.00	1498.54	9.22	8.69
142	273	47	2568.99	2815.78	1628.32	9.01	8.60
143	298.5	38	2394.13	2775.44	1805.08	9.82	9.12
144	323.9	8	611.22	1341.42	611.92	11.32	7.64
145	323.9	10	759.18	1470.54	750.75	11.25	8.08
146	323.9	11	832.44	1534.47	818.13	11.22	8.26

续表

序号	管道规格 DW（mm）		管道自重（N/m）	管道含水总重（N/m）	管道截面抗弯矩 W（cm³）	管道支吊架允许间距（m）	充水管道支吊架允许间距（m）
	管道外径 DW	管道壁厚 s					
147	323.9	14.2	1063.62	1736.19	1024.95	11.11	8.69
148	323.9	16	1191.48	1847.76	1135.53	11.04	8.87
149	323.9	17.5	1296.83	1939.70	1224.61	10.99	8.99
150	323.9	25	1807.26	2385.11	1630.14	10.74	9.35
151	323.9	30	2132.44	2668.86	1865.95	10.58	9.46
152	323.9	32	2259.12	2779.40	1953.08	10.52	9.48
153	323.9	36	2506.69	2995.43	2115.65	10.39	9.51
154	323.9	40	2746.51	3204.70	2263.46	10.27	9.51
155	323.9	45	3035.41	3456.80	2428.84	10.12	9.48
156	323.9	55	3576.92	3929.33	2701.55	9.83	9.38
157	325	5	386.97	1151.24	396.03	11.45	6.64
158	325	6	462.91	1217.51	470.85	11.41	7.04
159	325	7	538.37	1283.35	544.25	11.38	7.37
160	325	8	613.35	1348.78	616.24	11.34	7.65
161	325	9	687.84	1413.78	686.85	11.31	7.89

续表

序号	管道规格（mm）		管道自重（N/m）	管道含水总重（N/m）	管道截面抗弯矩 W（cm³）	管道支吊架允许间距（m）	充水管道支吊架允许间距（m）
	管道外径 DW	管道壁厚 s					
162	325	13	980.97	1669.57	955.80	11.17	8.56
163	325	14	1053.04	1732.46	1019.75	11.13	8.68
164	325	25	1813.92	2396.41	1642.54	10.77	9.37
165	325	30	2140.42	2681.32	1880.45	10.60	9.47
166	325	32	2267.64	2792.33	1968.38	10.54	9.50
167	325	36	2516.26	3009.29	2132.50	10.42	9.52
168	325	38	2637.67	3115.23	2208.94	10.35	9.53
169	325	42	2874.69	3322.06	2351.13	10.23	9.52
170	355.6	8.8	738.10	1618.06	811.20	11.86	8.01
171	355.6	11	916.78	1773.97	995.20	11.79	8.47
172	355.6	12.5	1037.26	1879.10	1116.55	11.74	8.72
173	355.6	16	1314.15	2120.72	1387.12	11.62	9.15
174	355.6	17.5	1431.00	2222.68	1497.83	11.57	9.29
175	355.6	20	1623.33	2390.52	1675.57	11.49	9.47
176	355.6	28	2218.49	2909.86	2190.18	11.24	9.82

续表

序号	管道规格（mm）		管道自重（N/m）	管道含水总重（N/m）	管道截面抗弯矩 W（cm³）	管道支吊架允许间距（m）	充水管道支吊架允许间距（m）
	管道外径 DW	管道壁厚 s					
177	355.6	36	2782.69	3402.19	2628.61	11.00	9.94
178	355.6	40	3053.18	3638.22	2821.76	10.88	9.96
179	355.6	45	3380.41	3923.77	3040.65	10.73	9.96
180	355.6	50	3695.55	4198.76	3236.17	10.59	9.93
181	355.6	60	4289.55	4717.09	3563.91	10.31	9.83
182	377	5	449.85	1487.28	536.32	12.35	6.79
183	377	6	538.37	1564.52	638.46	12.32	7.23
184	377	8	713.96	1717.74	837.76	12.26	7.90
185	377	9	801.02	1793.72	934.96	12.22	8.17
186	377	11	973.71	1944.40	1124.54	12.16	8.60
187	377	14	1229.11	2167.27	1397.15	12.06	9.08
188	377	15	1313.27	2240.71	1484.95	12.03	9.21
189	377	28	2363.41	3157.07	2495.57	11.63	10.06
190	377	36	2969.02	3685.53	3006.96	11.39	10.22
191	377	40	3260.21	3939.63	3234.25	11.27	10.25

续表

序号	管道规格（mm）		管道自重（N/m）	管道含水总重（N/m）	管道截面抗弯矩 W（cm³）	管道支吊架允许间距（m）	充水管道支吊架允许间距（m）
	管道外径 DW	管道壁厚 s					
192	377	45	3613.32	4247.76	3493.67	11.12	10.26
193	377	56	4347.59	4888.49	3976.23	10.82	10.20
194	406.4	10	958.71	2108.72	1204.52	12.68	8.55
195	406.4	12.5	1190.84	2311.27	1477.89	12.60	9.05
196	406.4	14.2	1346.95	2447.50	1657.74	12.55	9.31
197	406.4	17.5	1646.01	2708.46	1993.27	12.45	9.71
198	406.4	20	1869.06	2903.10	2235.83	12.37	9.93
199	406.4	22.2	2062.84	3072.20	2441.23	12.31	10.09
200	406.4	32	2897.62	3800.63	3269.30	12.02	10.49
201	406.4	40	3544.63	4365.22	3847.76	11.79	10.62
202	406.4	45	3933.29	4704.37	4168.64	11.65	10.65
203	406.4	50	4309.86	5032.97	4460.50	11.51	10.65
204	406.4	55	4674.34	5351.02	4725.14	11.38	10.63
205	406.4	70	5695.21	6241.84	5372.93	10.99	10.50
206	426	5	509.11	1842.05	687.95	13.15	6.91

续表

序号	管道规格（mm）		管道自重（N/m）	管道含水总重（N/m）	管道截面抗弯矩 W（cm³）	管道支吊架允许间距（m）	充水管道支吊架允许间距（m）
	管道外径 DW	管道壁厚 s					
207	426	6	609.48	1929.64	819.72	13.12	7.37
208	426	7	709.36	2016.80	949.60	13.09	7.76
209	426	8	808.76	2103.54	1077.60	13.06	8.10
210	426	9	907.68	2189.86	1203.74	13.03	8.39
211	426	12	1201.54	2446.28	1571.18	12.94	9.07
212	426	14	1395.02	2615.11	1807.18	12.88	9.41
213	426	17	1681.62	2865.20	2148.07	12.79	9.80
214	426	30	2873.24	3905.02	3454.40	12.41	10.64
215	426	32	3049.31	4058.67	3632.24	12.35	10.70
216	426	40	3734.25	4656.35	4286.88	12.12	10.86
217	426	50	4546.88	5365.46	4986.85	11.85	10.91
218	426	60	5311.14	6032.37	5569.19	11.59	10.87
219	457.2	11	1187.07	2645.90	1679.69	13.46	9.01
220	457.2	14.2	1521.42	2937.65	2122.90	13.36	9.62
221	457.2	20	2114.78	3455.43	2877.15	13.20	10.32

179

续表

序号	管道规格（mm）		管道自重（N/m）	管道含水总重（N/m）	管道截面抗弯矩 W（cm³）	管道支吊架允许间距（m）	充水管道支吊架允许间距（m）
	管道外径 DW	管道壁厚 s					
222	457.2	25	2613.25	3890.40	3478.79	13.05	10.70
223	478	5	571.99	2259.00	869.49	13.95	7.02
224	478	6	684.93	2357.56	1036.83	13.92	7.50
225	478	7	797.40	2455.69	1202.04	13.89	7.92
226	478	9	1020.87	2650.70	1526.10	13.83	8.58
227	480	9	1025.22	2669.26	1539.26	13.86	8.59
228	480	14	1577.86	3151.50	2320.20	13.72	9.71
229	480	16	1795.53	3341.44	2618.42	13.66	10.02
230	480	56	5742.61	6785.70	7106.32	12.59	11.58
231	480	65	6524.05	7467.59	7788.10	12.36	11.55
232	508	12.5	1497.99	3294.88	2352.57	14.18	9.56
233	508	16	1903.89	3649.06	2949.17	14.08	10.17
234	508	22.2	2608.35	4263.79	3943.28	13.91	10.88
235	508	28	3250.54	4824.17	4803.78	13.75	11.29
236	529	5	633.66	2708.39	1068.16	14.69	7.11

续表

序号	管道规格（mm）		管道自重（N/m）	管道含水总重（N/m）	管道截面抗弯矩 W（cm³）	管道支吊架允许间距（m）	充水管道支吊架允许间距（m）
	管道外径 DW	管道壁厚 s					
237	529	6	758.94	2817.71	1274.52	14.66	7.61
238	529	7	883.74	2926.61	1478.50	14.63	8.04
239	529	8	1008.05	3035.09	1680.12	14.61	8.42
240	529	10	1255.23	3250.77	2076.34	14.55	9.04
241	530	9	1134.06	3153.20	1886.68	14.59	8.75
242	530	14	1747.16	3688.20	2852.40	14.46	9.95
243	530	18	2228.94	4108.60	3584.54	14.35	10.57
244	558.8	14.2	1870.34	4037.22	3225.89	14.86	10.11
245	558.8	17.5	2291.04	4404.32	3905.16	14.77	10.65
246	558.8	25	3227.56	5221.54	5356.25	14.57	11.46
247	558.8	30	3836.79	5753.16	6254.96	14.45	11.80
248	630	5	755.80	3716.60	1521.90	16.05	7.24
249	630	6	905.51	3847.24	1817.58	16.03	7.78
250	630	7	1054.73	3977.45	2110.41	16.00	8.24
251	630	8	1203.47	4107.25	2400.39	15.98	8.65

续表

序号	管道规格（mm）		管道自重（N/m）	管道含水总重（N/m）	管道截面抗弯矩 W（cm³）	管道支吊架允许间距（m）	充水管道支吊架允许间距（m）
	管道外径 DW	管道壁厚 s					
252	630	9	1351.73	4236.62	2687.56	15.95	9.01
253	630	11	1646.79	4494.09	3253.50	15.90	9.63
254	720	6	1036.11	4897.04	2382.51	17.16	7.89
255	720	7	1207.10	5046.25	2768.00	17.13	8.38
256	720	8	1377.61	5195.04	3150.23	17.11	8.81
257	720	9	1547.63	5343.41	3529.22	17.08	9.19
258	720	10	1717.17	5491.35	3904.98	17.06	9.54
259	820	7	1376.40	6380.16	3603.11	18.31	8.50
260	920	7	1545.70	7868.10	4548.18	19.41	8.60
261	1020	7	1715.00	9510.10	5603.21	20.45	8.68
262	1020	8	1958.06	9722.20	6384.82	20.43	9.17
263	1120	8	2151.55	11539.35	7714.34	21.42	9.25
264	1120	9	2418.31	11772.14	8655.36	21.40	9.70
265	1220	8	2345.03	13510.55	9169.52	22.37	9.32
266	1220	9	2635.98	13764.44	10290.32	22.35	9.78

续表

序号	管道规格(mm)		管道自重 (N/m)	管道含水总重 (N/m)	管道截面抗弯矩 W (cm³)	管道支吊架允许间距 (m)	充水管道支吊架允许间距 (m)
	管道外径 DW	管道壁厚 s					
267	1420	9	3071.32	18211.19	13984.37	24.14	9.91
268	1420	10	3410.16	18506.86	15505.32	24.12	10.36
269	1620	9	3506.66	23274.13	18243.89	25.81	10.02
270	1620	11	4280.60	23949.48	22215.49	25.77	10.90
271	1820	10	4377.58	29333.36	25589.83	27.35	10.57
272	1820	12	5247.29	30092.28	30606.53	27.32	11.41
273	2020	11	5344.76	36092.77	34680.39	28.82	11.09
274	2020	13	6310.25	36935.27	40864.12	28.79	11.90

注: 1. 支吊架跨间无集中荷载。
2. 没有计入保温结构重力。对于蒸汽管道,充水管道支吊架间距可作为水压试验时增加临时支承的参考。
3. 在水平管道方向改变处,两支吊架展开长度不应超过水平直管支吊架允许间距的3/4,其中一个支吊点宜靠近弯管或弯头的起弯点。

附录 L 常用管道断面力学性质

表 L 常用管道断面力学性质

管子规格 (mm) DW	管子规格 (mm) s	管壁断面积 F (cm²)	抗弯矩 W (cm³)	惯性矩 J (cm⁴)
73	3	6.6	11.1	40.5
76	3	6.9	12.1	45.9
	3.5	8	13.8	52.5
	6	13.2	21.4	81.4
	8	17.1	26.4	100.1
	10	20.7	30.4	115.4
89	3.5	9.4	19.3	86
	4	10.7	21.7	96.6
	4.5	11.9	24	106.9
	7	18	34.3	152.7

管子规格 (mm) DW	管子规格 (mm) s	管壁断面积 F (cm²)	抗弯矩 W (cm³)	惯性矩 J (cm⁴)
168.3	5.6	28.6	112.7	948
	7.1	35.9	139	1170
	10	49.7	185.9	1564
	14.2	68.7	244.6	2057
	16	76.5	266	2244
	17.5	82.9	283	2388
	20	93.1	310	2608
	22.2	101.9	330	2781
	28	123.4	375	3157
193.7	6.3	37.1	168.3	1630

管子规格 (mm) DW	管子规格 (mm) s	管壁断面积 F (cm²)	抗弯矩 W (cm³)	惯性矩 J (cm⁴)
219.1	17.5	110.8	518	5673
	22.2	137.3	615	6737
	25	152.4	666	7298
	28	168.1	715	7838
	30	178.2	745	8166
	36	207	822	9013
245	5	37.7	221.7	2715
	7	52.3	302.8	3709
	10	73.8	416.8	5105
	18	128	679	8320

续表

管子规格 (mm) DW	s	管壁断面积 F (cm²)	抗弯矩 W (cm³)	惯性矩 J (cm⁴)
89	9	22.6	41.2	183.2
	10	24.8	44.2	196.7
	11	26.9	47	209.1
	12	29	49.5	220.4
108	4	13.1	32.8	177
	4.5	14.6	36.4	196.3
	8	25.1	58.6	316.2
	9	28	64	345.8
	11	33.5	73.9	399.3
	12	36.2	78.4	423.4
	14	41.3	86.4	466.8
133	4	16.2	50.8	337.5
	4.5	18.2	56.5	375.4
	5	20.1	62	412.4

管子规格 (mm) DW	s	管壁断面积 F (cm²)	抗弯矩 W (cm³)	惯性矩 J (cm⁴)
193.7	7.1	41.6	187.3	1814
	8	46.6	208.1	2015
	10	57.7	252.1	2441
	11	63.1	273	2643
	16	89.3	367	3554
	20	109.1	430.6	4170
	22.2	119.6	461.7	4471
	25	132.5	497	4817
	28	145.7	531	5145
	32	162.5	570	5521
194	5	29.6	136.8	1326
	5.5	32.5	149.3	1447
	9	41.1	185.6	1800
	10	46.7	208.8	2025

管子规格 (mm) DW	s	管壁断面积 F (cm²)	抗弯矩 W (cm³)	惯性矩 J (cm⁴)
245	20	141	736	9016
	25	172.7	864	10588
	28	190.8	932	11422
	32	214.1	1013	12417
244.5	7.1	52.9	305.4	3733
	8	59.4	340.3	4160
	8.8	65.1	370.7	4531
	11	80.7	450.8	5511
	12.5	91.1	503	6147
	14.2	102.7	559.3	6837
	20	141	732	8957
	25	172.4	860	10517
	28	190.4	928	11344
	30	202.1	970	11854

管道应力分析 🅛 振动噪声控制

管子规格 (mm) DW	s	管壁断面积 F (cm²)	抗弯矩 W (cm³)	惯性矩 J (cm⁴)
133	5.6	22.4	68.5	455.6
	6	23.9	72.7	483.7
	8	31.4	92.6	616.1
	10	38.6	110.6	735.6
	11	42.1	118.9	790.8
	12.5	47.3	130.5	868.1
	14	52.3	141.2	939.3
	14.2	53	142.6	948.3
	16	58.8	154.2	1025
	17.5	63.5	163	1083
	18	65	165.6	1101
	22.2	77.2	185.5	1233
159	4.5	21.8	82	652.3
	7	33.4	121.7	967.4

管子规格 (mm) DW	s	管壁断面积 F (cm²)	抗弯矩 W (cm³)	惯性矩 J (cm⁴)
194	14	79.2	332.5	3225
	16	89.5	368.3	3512
	18	99.5	401.4	3894
	20	109	432.2	4192
	22	118.8	460.6	4468
	25	132.7	499.2	4842
219	5	33.6	175.8	1925
	6	40.1	208.1	2278
	8	53	270	2955
	9	59.4	299.5	3279
	16	102	483	5288
	18	114	528	5786
	22	136.1	610.7	6687
	25	152.3	665.5	7287

管子规格 (mm) DW	s	管壁断面积 F (cm²)	抗弯矩 W (cm³)	惯性矩 J (cm⁴)
244.5	36	235.8	1079	13195
	40	257	1140	13947
273	6	50.3	328.7	4487
	7	58.5	379.3	5177
	7.1	59.3	384	5245
	8	66.6	428	5851
	8.8	73	467	6380
	9	74.6	477	6510
	10	82.6	524	7154
	11	90.5	570	7782
	12.5	102.3	637.2	8697
	14.2	115.4	710	9695
	16	129.1	784	10706
	20	159	937	12798

续表

管子规格 (mm) DW	s	管壁断面积 F (cm²)	抗弯矩 W (cm³)	惯性矩 J (cm⁴)
168	7	35.4	136.8	1149
	12	58.8	214.2	1799
	14	67.7	241	2024
	16	76.4	265.6	2231
	18	84.8	288.1	2420
	20	93	308.6	2592
	22	100.9	327.4	2749
273	47	333.7	162.8	22226
298.5	38	311	180.5	26940
323.9	8	79.4	612	9910
	10	98.6	750	12158
	11	108.1	818	13249
	14.2	138.1	1025	16599
	16	154.7	1135	18390

管子规格 (mm) DW	s	管壁断面积 F (cm²)	抗弯矩 W (cm³)	惯性矩 J (cm⁴)
219	28	168	714.7	7826
219.1	6.3	42.1	217.8	2386
	7.1	47.2	242.8	2659
	8	53	270.2	2959
	10	65.7	328.5	3598
	11	71.9	356.3	3903
	12.5	81.1	396.6	4344
377	14	159.6	1397	26336
	15	171	1484	27991
	28	307	2495	47041
	36	385.6	3007	56681
	40	423.4	3234	60965
	45	469.3	3493	65855
	56	564.7	3976	74952

管子规格 (mm) DW	s	管壁断面积 F (cm²)	抗弯矩 W (cm³)	惯性矩 J (cm⁴)
273	22	173	1008	13766
	22.2	174.9	1015	13860
	28	215	1200	16381
	30	229	1257	17162
	32	242.2	1311	17900
	36	268	1410	19253
	40	292.8	1498	20455
508	12.5	194.5	2352	59755
	16	247.3	2949	74909
	22.2	338.8	3943	100159
	28	422.2	4803	122016
529	5	82.2	1068	28253
	6	89.5	1274	33711
	7	115	1478	39106

续表

管子规格(mm) DW	s	管壁断面积 F (cm²)	抗弯矩 W (cm³)	惯性矩 J (cm⁴)	管子规格(mm)	s	管壁断面积 F (cm²)	抗弯矩 W (cm³)	惯性矩 J (cm⁴)	管子规格(mm)	s	管壁断面积 F (cm²)	抗弯矩 W (cm³)	惯性矩 J (cm⁴)
323.9	17.5	168.4	1224	19832	406.4	10	124.5	1204	24475	529	8	130.9	1680	44439
323.9	25	234.7	1630	26400	406.4	12.5	154.6	1477	30030	529	10	163	2076	54919
323.9	30	277	1866	30219	406.4	14.2	174.9	1657	33685	530	9	147.3	1886	49997
323.9	32	293.4	1953	31630	406.4	17.5	213.8	1993	40503	530	14	226.9	2852	75588
323.9	36	325.6	2115	34263	406.4	20	242.7	2235	45432	530	18	289.5	3584	94990
323.9	40	356.7	2263	36656	406.4	22.2	267.9	2441	49605	558.8	14.2	242.9	3225	90131
323.9	45	394.2	2428	39335	406.4	32	376.3	3269	66432	558.8	17.5	297.6	3905	109110
323.9	55	464.6	2701	43751	406.4	40	460.4	3847	78186	558.8	25	419.2	5356	149653
325	5	50.2	398	6435	406.4	45	510.9	4168	84707	558.8	30	498.3	6255	174764
325	6	60.1	471	7653	406.4	50	559.8	4460	90637	630	5	98	1521	47940
325	7	69.9	544	8844	406.4	55	607.1	4725	96015	630	6	117.4	1817	57254
325	8	79.7	616	10013	406.4	70	739.7	5372	109178	630	7	137	2110	66478
325	9	89.3	686	11161	426	5	66.1	688	14653	630	8	156	2400	75612
325	13	127	955	15531	426	6	79.1	820	17460	630	9	176	2687	84658

续表

表（一）

管子规格 (mm) DW	s	管壁断面面积 F (cm^2)	抗弯矩 W (cm^3)	惯性矩 J (cm^4)
325	14	136.7	1019	16571
	25	236	1642	26691
	30	278	1880	30557
	32	294.5	1968	31986
	36	326.8	2132	34653
	38	342.6	2308	35895
	42	373.4	2351	38206
355.6	8.8	95.8	811	14423
	11	119	995	17694
	12.5	134.7	1116	19852
	16	170.7	1387	24663
	17.5	185.8	1497	26631
	20	210.8	1675	29791
	28	288.1	2190	38941

表（二）

管子规格 (mm)	s	管壁断面面积 F (cm^2)	抗弯矩 W (cm^3)	惯性矩 J (cm^4)
426	7	92.1	949	20226
	8	105	1077	22953
	9	118	1203	25639
	12	156	1571	33466
	14	181.2	1807	38493
	17	218.4	2148	45754
	30	373.2	3454	73578
	32	396	3632	77366
	40	485	4286	91310
	50	590	4986	106220
	60	689.9	5569	118624
457.2	11	154.2	1679	38397
	14.2	197.6	2122	48529
	20	274.7	2877	65771

表（三）

管子规格 (mm)	s	管壁断面面积 F (cm^2)	抗弯矩 W (cm^3)	惯性矩 J (cm^4)
630	11	214	3253	102485
720	6	134.5	2382	85770
	7	157	2768	99648
	8	179	3150	113408
	9	201	3529	127052
	10	223	3905	140579
820	7	178	3603	147728
920	7	201	4548	209216
1020	7	222.7	5603	285764
	8	254	6384	325626
1120	8	279.4	7714	432004
	9	317	8655	484701
1220	8	304.6	9169	559342
	9	342.4	10290	627711

续表

管子规格(mm) DW	s	管壁断面积 F (cm²)	抗弯矩 W (cm³)	惯性矩 J (cm⁴)	管子规格 (mm)	s	管壁断面积 F (cm²)	抗弯矩 W (cm³)	惯性矩 J (cm⁴)	管子规格 (mm)	s	管壁断面积 F (cm²)	抗弯矩 W (cm³)	惯性矩 J (cm⁴)
355.6	36	361.4	2628	46736	457.2	25	339.4	3478	79525	1420	9	399	13984	992892
	40	396.6	2821	50171	478	5	74.3	869	20780		10	443	15505	1100880
	45	439.1	3040	54062		6	88.9	1036	24780	1620	9	455.5	18243	1477758
	50	480	3236	57539		7	103.5	1202	28728		11	556	22215	1799459
	60	557.1	3568	63366		9	133	1526	36473	1820	10	568.6	25589	2328680
377	5	58.4	536	10109	480	9	133.1	1539	36942		12	6816	30606	2785281
	6	69.9	638	12035		14	205	2320	55685	2020	11	694.2	34680	3502728
	8	92.7	837	15791		16	233.2	2618	62842		13	819.6	40864	4127286
	9	104	935	17624		56	746	7106	170552					
	11	126.4	1124	21197		65	847	7788	186914					

附录 M 常用管道每米自重与含水总重

表 M   常用管道每米自重与含水总重

材料	管子规格（mm）		管子自重（kg/m）	管道含水总量（kg/m）	材料	管子规格（mm）		管子自重（kg/m）	管道含水总量（kg/m）
	DW	s				DW	s		
20钢	18	2	0.789	1.0	Q235·A	377	6	54.90	159.5
	25	2	1.13	1.4			8	72.80	175.2
	32	2.5	1.82	2.4		426	5	51.91	187.8
	38	2.5	2.19	3.1			6	62.15	196.7
	45	2.5	2.62	3.9			7	72.33	205.6
	57	3	4.0	6.0			8	82.47	214.5
	73	3	5.18	8.7		478	5	58.33	230.3
	76	3	5.40	9.2			6	69.84	240.4
	89	3.5	7.38	12.7			7	81.31	250.4
	108	4	10.26	18.2			9	104.1	270.3
	133	4	12.73	25		529	6	77.39	276.2
	159	4.5	17.15	34.8			7	90.11	298.4
	194	5	23.31	49.9			10	127.99	331.5
	219	6	31.52	65.2		630	6	92.33	392.3
	245	7	41.09	83			7	107.55	405.5
	273	7	45.92	98.6			8	122.72	418.8
	325	8	62.54	137.5		720	7	123.1	514.6
	377	9	81.68	182.9			8	140.5	529.8
	426	9	92.55	223.3			9	157.81	544.8
	480	9	104.52	272.1		820	7	140.3	650.5

续表

材料	管子规格（mm）		管子自重（kg/m）	管道含水总量（kg/m）	材料	管子规格（mm）		管子自重（kg/m）	管道含水总量（kg/m）
	DW	s				DW	s		
20 钢	530	9	115.62	321.5	Q235·A	920	7	157.6	802.3
	630	11	167.91	458.2		1020	8	199.7	991.4
Q235·A	219	5	26.39	60.7		1120	9	229.2	1200.4
	245	5	29.59	73.0		1220	9	268.8	1403.5
	273	6	39.51	93.0		1420	10	374.5	1887.1
	325	5	39.46	117.4		1620	11	436.4	2442.1
		6	47.20	124.1		1820	12	535	3068.5
		7	54.90	130.9		2020	13	643	3966.2
	377	5	45.87	151.7					

参 考 文 献

［1］赵超燮. 结构矩阵分析原理. 北京：人民教育出版社，1982.

［2］王致祥，梁志钏，孙国模，等. 管道应力分析及计算. 北京：水利电力出版社，1983.

［3］J．M 盖尔，W.韦孚. 杆系结构分析. 边启光. 北京：水利电力出版社，1983.

［4］H．H．欧德-享格尔，等. 发电厂管道. 李锡武，宋守田，王长海. 北京：水利电力出版社，1987.

［5］N．K 尼基季. 火力发电厂管道手册. 李广泽，梁光华，等. 北京：水利电力出版社，1987.

［6］江晶. 环保机械设备设计. 北京：冶金工业出版社，2009.

［7］张恩惠，殷金英，邢书仁. 噪声与振动控制. 北京：冶金工业出版社，2012.

［8］方丹群，张斌，孙家麒，等. 噪声控制工程学. 北京：科学出版社，2013.

［9］D．A．比斯，C．H．汉森. 工程噪声控制—理论与实践. 邱小军，于淼，刘嘉俊．4 版. 北京：科学出版社，2013.

ZISEN ® 正升环境

您身边的绿色降噪专家

———

正升环境科技股份有限公司（简称正升环境，股票代码 872910），是提供噪声防控解决方案的创新型公司，是"绿色降噪"的首倡者和引领者。

正升环境发明创造了一种新型的绿色声学材料——微粒声学材料，该材料是以天然砂粒或经环保处理的固废颗粒为骨料，以环保胶凝剂，通过聚合工艺，生产的具有微穿孔板特性的微孔材料。正升环境发展了"长空间"声学理论，并在其基础上，实践了扩散消声技术，该技术与微粒材料结合，创造了一种新型的消声器——"微粒消声器"。同时，正升环境大力推进景观与降噪的融合，开发了景观声屏障、静音景观和声景观等多种系列产品。

在"绿色降噪"理念的引领下，正升环境以绿色降噪材料、绿色降噪设备、绿色降噪设计，让降噪告别了"钢夹棉"的过去时代，为传统的降噪工程赋予了环保、节能、保温、长寿命、轻维护、防油污、消防耐火、资源循环利用、文化艺术外观等新的功能价值。

二十余年来，正升环境已为石油、化工、电力、冶金、建材、军工等工业领域，轨交、公路、市政、机场等交通领域，文体建筑、商业建筑等建筑领域的上千个降噪项目，提供了咨询、设计、产品、施工等服务。业务涉及中国各省市区及印度……

二十余年的降噪专业积淀，永不停歇的开拓创新创造，只为"成为良知企业 成就美丽世界"的光荣使命！

正升环境，您身边的绿色降噪专家！

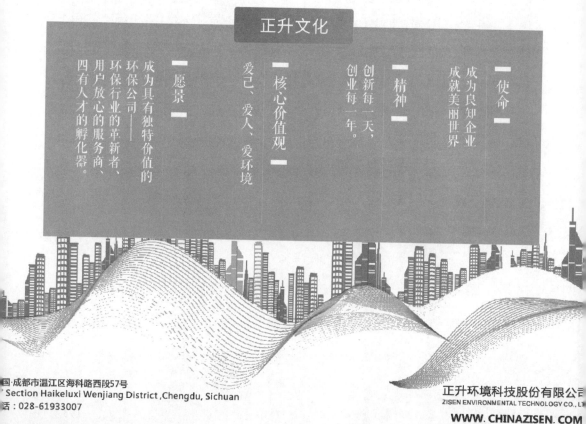

正升文化

愿景
成为具有独特价值的环保公司——环保行业的革新者、用户放心的服务商、四有人才的孵化器。

核心价值观
爱己、爱人、爱环境

精神
创新每一天，创业每一年。

使命
成为良知企业
成就美丽世界

国·成都市温江区海科路西段57号
 Section Haikeluxi Wenjiang District ,Chengdu, Sichuan
话 : 028-61933007

正升环境科技股份有限公司
ZISEN ENVIRONMENTAL TECHNOLOGY CO., L

WWW. CHINAZISEN.COM

ZISEN 已为全球超过 600 家企业提供过噪声治理服务,与多个世界 500 强企业建立业务关系,完成 2000 多项的噪声治理工程。同时业务范围覆盖全国 30 余个省份,国外业务已延伸至亚洲、非洲、南美洲等国家。

技术人才

正升环境科技股份有限公司现有硕士 13 人,本科 91 人,其中专业技术人才占 80 人。目前公司拥有 5 名高级工程师,41 名中级工程师及 23 名助理工程师。

声学实验室

正升环境声学实验室是目前西南地区最大的噪声控制技术及声学材料研究测试中心,是四川省环境保护重点实验室。同时获得中国合格评定国家认可实验室证书,具有开具第三方检测报告的资质。

正升环境声学实验室由清华大学建筑声学设计团队依据国内外相关标准设计而成,主要测量仪器采用了丹麦 B&K 公司相关产品。声学实验室占地 521 平方米,包括混响实验室、隔声实验室、消声器动态评价实验室和阻抗管实验室等四大实验室。

专利

公司目前共申请中国专利 197 件，海外专利 4 件。已获授权专利国内 7 件，海外授权 2 件。其中发明专利 16 项，实用新型 46 项，外观专利 18 项。

荣誉资质

三证合一证书、建筑业企业资质、安全生产许可证、工程设计资质、四川省环境污染防治工程等级确认证书、高新技术企业、体系认证、3A 资信证明、中国环境保护产业协会 3A 信用等级评价证书、四川省企业技术中心、四川省环境保护厅重点实验室、四川省建设创新培育企业、四川省名优产品证书、成都市知识产权试点企业。

营业执照

（副 本）

统一社会信用代码
91510115672184703K 4-1

名　　称	正升环境科技股份有限公司
类　　型	股份有限公司(非上市、自然人投资或控股)
法定代表人	李朝阳

经营范围　环保工程及噪声与振动控制相关产业的咨询、勘察、监理、设计与施工；声学及编制技术、材料、工艺和产品的研究与开发，实验、检测及生产、销售、安装；环境评价及环境服务；市政公用和环境工程、机电安装、轻型钢结构、金属门窗、建筑智能化、特种专业的工程设计与施工；货物及技术进出口；设计、研究、生产、销售、安装：空气过滤净化设备、稳定过滤净化设备。大气污染物理服务：建筑及装修装饰工程施工；固体废物综合利用；产品生产线的研发、设计、集成、组装和销售；化工产品(不含危化品)的销售；砂石销售。（依法须经批准的项目，经相关部门批准后方可开展经营活动）。

注册资本	（人民币）伍仟叁佰零伍万元
成立日期	2008年3月25日
营业期限	2008年3月25日至永久
住　　所	成都市温江区成都海峡两岸科技产业开发园海科路西段57号

登记机关

2019年 06月 12日

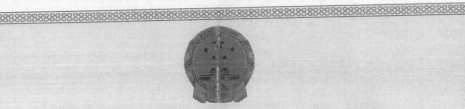

安全生产许可证

编号：(川)JZ安许证字〔2011〕000538

单 位 名 称：正升环境科技股份有限公司

主 要 负 责 人：李朝阳

单 位 地 址：成都市温江区成都海峡两岸科技产业开发园海科路西段57号

经 济 类 型：股份有限公司（非上市、自然人投资或控股）

许 可 范 围：建筑施工

有 效 期：2017年 04月 01日至 2020年 04月 01日

发证机关：

2017年 09月 26日

国家安全生产监督管理总局 监制

企 业 名 称：四川正升声学科技有限公司

经 济 性 质：有限责任公司（自然人投资或控股）

资 质 等 级：环境工程（物理污染防治工程）专项乙级。

可从事资质证书许可范围内相应的建设工程总承包业务以及项目管理和相关的技术与管理服务。******

工 程 设 计
资质证书

证 书 编 号：A251015162

有 效 期：至2022年07月03日

发证机关：

2017年 07月 03日

中华人民共和国住房和城乡建设部制

No.AZ 0151971

建筑业企业资质证书

（正 本）

企 业 名 称：正升环境科技股份有限公司

详 细 地 址：成都市温江区成都海峡两岸科技产业开发园海科路西段57号

统一社会信用代码
（或营业执照注册号）：91510115672184703K　　**法定代表人**：李朝阳

注 册 资 本：5305万元人民币　　　　　**经 济 性 质**：股份有限公司（非上市、自然人投资或控股）

证 书 编 号：D251452998　　　　　　　**有 效 期**：2021年01月07日

资质类别及等级：

环保工程专业承包壹级（2016-10-24）

＊＊＊＊＊＊

发证机关：

2018 年 01 月 16 日

中华人民共和国住房和城乡建设部制

相同/相近设备业绩

序号	项目名称	机组容量	合同金额（万元）	合同签订时间	投产时间	运行情况
1	中山嘉明 3×390MW 燃气-蒸汽联合循环热电冷联产项目防噪降噪工程	3×390MW	4498.998962	2013.4	2016.1	良好
2	广西华电南宁华南城分布式能源项目噪声综合防治合同	3×60MW	2546.7231	2013.1	2013.10	良好
3	贵州习水二郎新建 1、2 号机组噪声治理	4×660MW	2262.3106	2014.11	2015.12	良好
4	华电江门蓬江江沙分布式能源站项目噪声治理工程承包	分布式能源站	1558.2872	2016.12	2017.7	良好
5	印度古德洛尔 2×600MW 燃煤电站项目隔声屏障订货	2×600MW	568.6225	2013.10	2016.5	良好
6	赞比亚马安巴 2×150MW 燃煤电站项目高压流化风机隔声房供货	2×150MW	49.8	2014.11	2015.4	良好
7	孟加拉诺瓦布甘杰 100MW 重油电站项目集控楼降噪工程	100MW	32.6139	2016.7	2016.12	良好
8	巴基斯坦 NASHPA 压缩机降噪房		230	2016.8	2017.1	良好
9	埃斯美拉达二期热电项目声屏障		156.2645	2016.8	2017.5	良好

◆ 目前正在执行合同情况表

序号	项目名称	机组容量/电压等级	合同金额（万元）	合同签订日期	目前执行进展	质量改进措施
1	中电投电力工程有限公司荆门高新区天然气多联供能源站项目噪声综合治理工程采购	4×64MW	1060.9049	2018.6	良好	无
2	博茨瓦纳 Morupule B 4×150MW 燃煤电站工程改造项目主厂房及公用系统设备降噪装置采购	4×150MW	643.5482	2018.11	良好	无